L'ENVOYÉ DE L'ARCHANGE

Jérôme et Jean Tharaud
de l'Académie française

L'ENVOYÉ DE L'ARCHANGE

suivi de

Lucien Rebatet
CODREANU ET LA GARDE DE FER
Choses vues et entendues en Roumanie

Reconquista Press

L'Envoyé de L'Archange
Initialement paru aux éditions Plon en 1939

Couverture : Corneliu Codreanu (1925)

© 2018 Reconquista Press
www.reconquistapress.com

ISBN : 978-0-9933993-9-8

*Aux bois, aux sources,
aux montagnes
de l'idyllique Bukovine.*

J. J. T.

I

RENCONTRE AVEC LE CAPITAINE

Dans la banlieue de Bucarest, par un pluvieux matin d'hiver. Une villa assez démodée, ouverte à tous les vents, qui me rappela tout de suite ces maisons bourgeoises du front où s'installaient pendant la guerre les petits états-majors de brigade ou de régiment. Dans le jardin boueux, des jeunes gens en chemise verte, occupés à manier des briques et du mortier autour d'une bâtisse en construction. À l'intérieur de la villa, même jeunesse, même animation, et je ne sais quel air de mystère qui annonçait la présence de quelqu'un d'important. À travers la cohue, deux Chemises vertes me frayaient un passage, et j'entre enfin dans une pièce, ancienne salle à manger sans doute, mais qui n'a rien gardé de sa destination d'autrefois. Une longue table de bois noir, quatre ou cinq chaises, des fenêtres sans rideaux, et sur la table, les chaises et les murs, une profusion de gravures, d'images peintes et de statues, qui représentent toutes le même personnage : l'archange saint Michel terrassant le dragon.

Devant moi, un homme jeune encore, de quarante ans à peine, habillé de la bure des paysans roumains, les cheveux ondulés, le front haut, les yeux bleus et froids, les traits d'une beauté antique, les gestes paisibles et mesurés. Il se leva pour m'accueillir ; un sourire glacé détendit son visage sévère, puis il vint reprendre sa place derrière la table de bois noir, chargée de paperasses, de poussière et de tous les bibelots représentant l'Archange. Derrière lui (pur hasard ou préméditation) un saint

Michel immense étendait sur le mur ses grandes ailes peintes, et le corps du jeune homme cachant celui du saint, les ailes de lumière semblaient attachées à ses épaules.

Tel m'apparut pour la première fois le chef de la Garde de Fer, Cornélius Codréano, le « Capitaine », comme on l'appelle, qui devait être, cinq mois plus tard, condamné aux travaux forcés par un tribunal militaire, pour haute trahison et complot contre l'État.

Ce qu'il me dit de son horreur pour la politique et les partis, et de son désir de faire appel aux forces profondes de l'âme pour créer un type d'homme nouveau, correspondant à l'idéal auquel le paysan roumain aspire depuis des siècles, sans avoir pu le réaliser jamais, cela n'a d'intérêt que lorsqu'on connaît son histoire. Je le rapporterai plus tard. Mais au seuil d'un récit dont il est le héros, j'ai voulu placer cette image de l'homme au milieu des archanges.

★
★ ★

À quelques jours de là, j'allai voir à Iassy son ancien maître, le professeur Cuza, qui enseigne depuis cinquante ans le droit à l'Université.

Au milieu de sapins couverts de neige, dans une maison de bois blanche et bleue, qui semblait faite pour un arbre de Noël, je trouvai un petit homme vif, à binocles, la barbe en pointe, les cheveux épais et noirs, à peine semés de quelques fils d'argent, bien qu'il ait quatre-vingts ans passés. Un grand poêle de faïence répandait autour de nous une chaleur douce et intime. Ce poêle, les livres, les tapis, les fauteuils, ce confort professoral et bourgeois faisait le plus complet contraste avec le religieux bric-à-brac de la pièce où m'avait reçu le Capitaine. Point de saint Michel sur les murs, mais seulement, sur le rebord du poêle, une photographie jaunie d'Édouard Drumont. Cette photographie en ce lieu ne me surprit aucunement, car ce n'est pas assez dire que M. Cuza est antisémite : il est l'antisémitisme en soi, dirait un professeur allemand. Il exècre Israël, comme on vit, comme on respire. « C'est la seule, la bonne façon ! » me dit-il avec la gaieté d'un homme habile à tourner en sourires ses violences secrètes. Il se flatte de n'avoir jamais donné la main, ni même parlé à un Juif — ce qui est évidemment un record dans une ville qui, sur cent vingt mille habitants, compte plus de la moitié d'Israélites. On m'a conté qu'il y a quelques années, un voiturier de la campagne, juif naturellement, comme tous les voituriers là-bas, le rencontra aux environs de Iassy et lui demanda son chemin. Cuza, qui s'imagine que tous les Juifs le connaissent, crut que le voiturier lui portait un défi en lui adressant la parole. Il lève sur lui son parapluie. L'autre se rebiffe et le frappe, et le champion de la chrétienté allait passer un fort mauvais quart d'heure, si quelques étudiants, qui se trouvaient là par hasard, n'avaient volé à son secours et rossé le malheureux voiturier.

— Il y a une trentaine d'années, me dit le professeur, je me trouvais dans la pièce où nous sommes, quand je vis entrer trois inconnus, un homme, une femme et un petit garçon. L'homme était polonais, naturalisé roumain, sous le nom de Codréano, l'Homme de la Forêt ; la femme était Allemande. Ils venaient me demander du travail dans l'imprimerie de mon journal. Je fis pour eux ce que je pus, en même temps que je m'occupai de régulariser la situation du ménage, qui vivait en concubinage. Je fis venir un pope, et là, dans cette bibliothèque, il les maria tous les deux et baptisa l'enfant par surcroît...

Et d'un ton sarcastique, où l'on sentait une amitié déçue et des rancunes que par la suite je ne m'expliquai que trop bien, le professeur ajouta :

— On pourra quelque jour placer dans cette pièce une plaque de marbre pour rappeler ce grand événement, et m'élever à moi-même une statue, car enfin, sans moi et sans le pope que j'avais convoqué, le Polonais et son Allemande auraient sans doute continué leur vie irrégulière, et le jeune Cornélius, sans religion bien définie, aurait pu errer longtemps encore entre le catholicisme paternel et le protestantisme de sa mère — ce qui eût été des plus fâcheux, puisqu'il ne pouvait jouer son rôle de rédempteur de notre peuple sans être de l'Église orthodoxe.

Mesurez par là le service que je lui ai rendu, à lui et à tous les Roumains, le jour où je l'ai fait baptiser...

Puis reprenant son sérieux : « Allons, n'en parlons plus ! fit-il. Une chose nous sépare à jamais... » Il se tut un instant. « Quoi donc ? » lui demandai-je. Il répondit : « L'assassinat ! »

Encore un mot qui, pour être compris, voudrait bien des explications. Mais n'anticipons pas.

II

UN ADOLESCENT AGITÉ

SANS ajouter plus de foi qu'il ne faut aux influences extérieures qui peuvent former un caractère, peut-être n'est-il pas inutile de signaler, en passant, que le jeune garçon baptisé par les soins du professeur fut élevé au milieu des lacs et des bois de l'idyllique Bukovine, dans un vieux couvent transformé en prytanée militaire. Une discipline sévère et une nature enchantée ne sont pas sans agir sur la formation d'un enfant. Plus tard, on le mit au lycée d'une petite ville sur la frontière de Russie, au bord d'une forêt encore, car la forêt, là-bas, est partout.

Dès ce temps-là, il était animé de ce romantisme politique qui semble être la forme la plus récente du romanesque. Le jour où il sortit du lycée, il réunit au fond des bois vingt de ses camarades, et leur fit prêter le serment de lutter à mort contre les Juifs, qui essayaient alors (on était en 1919) d'introduire en Roumanie les idées communistes qui triomphaient en Russie. Les Vingt prêtèrent serment, solennellement, dans la clairière, comme faisaient jadis, au temps de la domination ottomane, les *haïdoucqs*, les bandits patriotes qui se réunissaient dans le secret des bois avant de se jeter sur les Turcs. Ce fut le premier groupe qu'organisa l'adolescent, déjà voué au serment et au secret. Après quoi, il se rendit à Iassy pour y suivre les cours de l'Université.

Il y retrouva M. Cuza, qui continuait d'enseigner à ses élèves le droit romain et l'horreur d'Israël. Naturellement il s'engagea sous la bannière du professeur. Mais les bannières des professeurs n'ont jamais mené personne au combat ! Et on le vit alors, plus souvent qu'à l'Université, aux côtés d'une sorte d'Hercule, un ouvrier nommé Panko, bataillant dans la rue contre les communistes et les Juifs, et grimpant au sommet des édifices pour arracher les drapeaux rouges.

Tout de suite parmi ses condisciples il prit figure de personnage. Sous la pression des francs-maçons et des Juifs, le recteur ayant décidé de supprimer la messe par laquelle s'ouvraient chaque année les cours de l'Université, il se mit à la tête des étudiants protestataires. Bagarre et défaite des Juifs, qui fuient laissant sur le carreau leurs casquettes à la russe, qu'on brûle en feu de joie sur la place. Le service religieux est rétabli, mais le héros de l'aventure rayé de l'Université. Heureusement pour lui, la Faculté de Droit était antisémite, et les professeurs ne tinrent pas compte de l'ostracisme du recteur. Codréano continua, comme devant, de suivre les cours, mais comme devant, ce qui l'intéressait plus que le droit romain, c'était de faire passer dans l'esprit de ses camarades quelque chose du feu qui l'animait contre Israël.

Était-il tolérable, par exemple, que Chrétiens et Juifs fissent partie de la même association d'étudiants ? Ce scandale ne pouvait durer. Pour y porter remède, il fonda l'Association des Étudiants chrétiens de Iassy. Quarante-six camarades répondirent à son appel. Ce n'était pas grand'chose dans une Université qui comptait six mille étudiants, dont un millier de Juifs à peu près. Mais qu'importait le nombre ! Comme aux vingt lycéens de la forêt, il fit prendre aux Quarante-six l'engagement d'honneur de défendre leur religion et leur race, et de rester toute leur vie fidèles à la foi de leur jeunesse.

Sa licence une fois passée en dépit du recteur, il voulut se rendre en Allemagne. Mais où prendre l'argent du voyage ? Ses camarades s'entremirent et obtinrent d'un ingénieur de Iassy, antisémite bon teint, une somme de dix mille lei, qu'ils s'engagèrent à lui rembourser par mois. Mais même dans une Allemagne où le mark était tombé à rien, dix mille lei, dévalorisés eux-mêmes, n'étaient qu'une pauvre petite somme, qui fut vite épuisée. Il passa deux ou trois mois à Berlin, où pour la première fois il entendit parler de Hitler. Ensuite il se rendit à Iéna. Là, il fit quelque temps un petit trafic de légumes, qu'il achetait à la campagne et revendait en ville, ce qui l'empêchait juste de mourir de faim. Puis un beau jour, ayant appris qu'un congrès d'étudiants se réunissait à Bucarest, il quitta aussitôt l'Allemagne pour revenir en Roumanie, avec l'espoir d'orienter le congrès vers les idées qui lui tenaient au cœur.

En Roumanie, les étudiants forment une classe nombreuse et famélique, qui se recrute principalement parmi les fils de paysans et de popes. Ils vivent, comme au Moyen Âge, groupés par foyers ou cantines, qui sont autant de fondations publiques ou privées, et le grand souci de tout ce monde est d'améliorer l'ordinaire, en obtenant du gouvernement ou des municipalités quelque nouvel avantage.

À ce congrès de Bucarest, la question à l'ordre du jour était de substituer le pain blanc au pain noir et d'avoir deux plats par repas. Faire oublier le pain et le menu pour porter le débat sur un plan supérieur, ce n'était pas commode ! La masse restait indifférente ou hostile. Laissant là le troupeau, comme il avait fait à Iassy, cet inlassable organisateur de groupements et de programmes jeta, avec quelques amis, les premiers fondements d'une ligue qui devait embrasser toutes les universités : la Ligue Antisémite Nationale Chrétienne, la L.A.N.C., comme on la nomme en bref. Son programme tenait dans son titre, son organisation rappelait celle des Chemises noires italiennes. Il en offrit la présidence à Cuza. Le vieux professeur commença par faire un peu la grimace, trouvant que tout cela sentait trop la caserne ; puis il finit par accepter en se disant que la jeunesse était sans doute devenue plus militariste qu'autrefois.

À ce moment (1923), se produisit un événement que Cuza et son fougueux disciple tenaient pour la pire calamité : le Parlement roumain reconnaissait aux Juifs les droits de citoyen.

III

ISRAËL EN ROUMANIE

CE N'EST PAS d'hier qu'il y a des Juifs en Roumanie. À les en croire, on en trouvait déjà du temps de Nabuchodonosor. D'autres seraient venus avec les légions de Trajan. Au vrai, ils sortent, presque tous, du réservoir inépuisable que forment la Pologne et la Petite-Russie.

L'étrange est qu'il se pourrait fort bien que ces Juifs orientaux (pour une bonne part du moins) ne soient juifs que de religion et n'aient pas dans les veines une seule goutte du sang d'Abraham. Avec leurs cheveux roux, leurs pommettes saillantes et leur nez épaté, ils n'ont rien à voir, en effet, avec leurs coreligionnaires de la Méditerranée, au visage olivâtre, aux cheveux noirs, aux traits réguliers. Mais alors, qui sont-ils ? Des Mongols émigrés au Moyen Âge dans la Russie méridionale, si l'on en croit l'histoire que voici.

Vers le milieu du dixième siècle, vivait à la cour de Cordoue un Juif animé du plus grand zèle pour la gloire de Jehovah, Hasdaï ibn Chaprout, conseiller intime du calife Abd-er-Rahman III. Un jour, il apprit par des marchands qui venaient de Constantinople, qu'à dix jours par mer de cette ville se trouvait un royaume appelé le Royaume des Khazars ; que ces Khazars pratiquaient la religion d'Israël ; que leur roi se nommait Joseph ; qu'il avait de nombreux vaisseaux sur la mer Noire et qu'il échangeait des cadeaux avec l'empereur de Byzance.

Cette nouvelle emplit le vizir de surprise et de joie. Hé quoi ! quelque part dans le monde existait encore un royaume soumis à la loi de Moïse ! Si la chose était vraie, que devenait le grand reproche, qu'on adressait toujours aux Juifs, d'appartenir à une race qui n'avait de pays et de souveraineté nulle part — signe évident de la pire déchéance et de la malédiction divine ?... À ceux qui disaient tous les jours : « Chaque nation a son État, tandis que vous n'avez aucun nom sur la terre, » quel orgueil de pouvoir enfin répondre : « Nous avons le pays des Khazars ! » Et dans son enthousiasme, le conseiller d'Abd-er-Rahman rêvait déjà d'abandonner Cordoue, sa situation élevée et la faveur dont le prince l'honorait, pour gagner, à travers les nations et les mers, ce royaume béni.

Son premier soin fut d'envoyer un messager à l'empereur de Constantinople, en priant celui-ci de faciliter le voyage de son ambassadeur près du roi des Khazars. Arrivé à Byzance, le messager vit l'Empereur, qui le retint pendant six mois et finit par lui déclarer que la mer était trop houleuse pour s'y aventurer. Quant à la voie de terre, il n'y fallait pas songer, tous les peuples qui le séparaient du roi de Khazarie étant en guerre perpétuelle les uns avec les autres.

L'envoyé du vizir revient bredouille à Cordoue. Hasdaï s'en montra fort marri, mais ne se découragea pas, et il se disposait à envoyer un nouveau messager par un autre chemin, lorsqu'arrivèrent par fortune à la cour d'Abd-er-Rahman des ambassadeurs du roi des Slaves. « Donne-nous la lettre, lui dirent-ils, et nous la remettrons à notre maître. Par considération pour toi, il l'enverra aux fils d'Israël qui habitent le pays des Hongrois, et ceux-ci la feront tenir à des coreligionnaires bulgares, qui, à leur tour, l'enverront à d'autres Juifs, jusqu'à ce qu'elle arrive en Khazarie. »

Hasdaï écrivit donc une nouvelle lettre au roi Joseph, où il lui demandait, comme dans la première, s'il était bien exact que le peuple sur lequel il régnait observât la loi de Moïse, et qui se terminait par ces mots : « Sois loué, Éternel, qui nous as donné un libérateur et n'as pas refusé aux tribus d'Israël un prince et un royaume. Vive notre maître le roi Joseph à jamais ! »

De marchands juifs en marchands juifs, le message parvint à son adresse. Le roi Joseph y répondit par une lettre où il faisait savoir à Hasdaï que les Khazars descendaient de Japhet par un de ses fils, Thogorma ; que Thogorma avait eu dix enfants, dont le septième se nommait Khazar ; que ce Khazar avait lutté contre des peuples nombreux et puissants, et qu'il les avait refoulés au-delà de la rivière du Don pour s'installer à leur place. Malheureusement, depuis Thogorma, les Khazars avaient oublié Jéhovah pour s'adonner au culte des idoles, jusqu'au jour où un de leurs rois, qui s'appelait Boulon, avait reçu l'ordre du Ciel de purger son royaume de tous les sorciers qui l'infestaient. Mais qui remplacerait les sorciers ?... Son embarras fut extrême, il convoqua deux Sages, l'un chrétien, l'autre musulman. Au Chrétien il demanda : « De la religion d'Israël ou de la musulmane, laquelle est la meilleure ? — Celle d'Israël, sans aucun doute, répondit le Chrétien. » Au Musulman il posa la question : « De la religion d'Israël ou de celle des Chrétiens, laquelle est la meilleure ? — Celle d'Israël, répondit le Musulman. » Ces deux réponses persuadèrent le roi Boulon que la religion d'Israël était certainement la meilleure des religions existant sous le ciel. Il n'eut pas de peine à trouver dans son royaume (où n'en trouve-t-on pas ?) des Juifs pour l'initier à la loi de Moïse. Il s'y convertit de tout son cœur, et quatre mille de ses guerriers avec lui.

Tels furent les renseignements qu'Hasdaï obtint du roi des Khazars. Il semble, après cela, qu'il aurait dû partir au plus vite vers cette nouvelle Judée, comme il en avait montré le désir dès qu'il en avait connu l'existence. Pourtant il n'en fit rien, et resta paisiblement à Cordoue au milieu de ses charges et de ses dignités.

Par la suite, les Khazars convertis à Jahvé connurent de mauvais jours. Un prince moscovite envahit leur pays : il y fit un affreux carnage. Les survivants se dispersèrent, les uns dans une île de la Caspienne, les autres en Crimée, d'autres encore un peu partout, à travers l'Empire des Tsars. Juifs de Pologne et de Russie seraient les descendants de cette tribu mongole convertie au judaïsme, et qui n'a rien à voir avec le peuple d'Abraham, encore que le bon roi Boulon se vantât d'appartenir à la postérité de Japhet...

Que vaut cette histoire singulière, qui nous est parvenue par la lettre du roi Joseph au Vizir ibn Chaprout, retrouvée par miracle dans les archives de Saint-Pétersbourg ? Renan la tenait pour véridique, et le savant M. Iorga, professeur à l'Université de Bucarest, me disait à ce sujet : « En lisant la vie de saint Paul, je me suis dit souvent que, par nature, le vrai Juif est un individualiste, un itinérant, un voyageur qui aime à se déplacer seul. Au contraire, nos Juifs d'ici se sont déplacés par tribus, à la manière des Tartares. Voyez ce qui est arrivé pendant et immédiatement après la guerre : ils nous ont envahis en bandes compactes, par villages entiers... En Bukovine, en Moldavie et en Bessarabie, regardez leurs maisons. Autour de Kichineff, de Czernovitz et de Iassy, elles sont posées à même la terre battue, sans enclos, sans jardin. Ce ne sont pas des maisons, ce sont des yourtes mongoles. »

Je laisse aux érudits le soin de trancher la question. Mais qu'ils soient tartares ou sémites, qu'ils descendent du roi Boulon, d'Abraham ou du diable, ces Juifs, vrais ou faux, n'en sont pas moins exécrés de toutes les populations au milieu desquelles ils vivent, et particulièrement des Roumains.

Au début du siècle dernier, ils étaient assez peu nombreux dans les deux provinces danubiennes de Moldavie et de Valachie, qui devaient former un jour le Royaume de Roumanie. Mais que seraient-ils venus faire dans un pays encore soumis à la domination musulmane, et où les Turcs ne laissaient aucune liberté au trafic ? Chaque année, des commissaires ottomans parcouraient la campagne et achetaient sans discussion le blé et le bétail à un prix qu'ils fixaient eux-mêmes. Et dans les villes, quelques Grecs disputaient aux Arméniens le peu de commerce qui s'y faisait.

Tout changea au traité d'Andrinople, en 1827, quand la Porte dut céder à la Russie les bouches du Danube et reconnaître aux deux Provinces une indépendance presque complète, sous la protection russe. Désormais l'accès du Danube fut ouvert à tout le monde, et Moldaves et Valaques devinrent libres de vendre à leur gré les produits de leur sol. On vit alors les Juifs s'empresser d'accourir, surtout dans cette Moldavie qui touche à la Pologne et à l'Ukraine.

Dans les pays d'où ils venaient, beaucoup d'entre eux avaient fait le métier d'intendants sur les terres des boyards, ou s'ils ne l'avaient pas fait eux-mêmes, ils savaient, pour avoir vu à l'œuvre leurs coreligionnaires, comment on s'y prend pour ruiner un grand seigneur imprévoyant et fastueux. Et les boyards de Moldavie, comme leurs voisins polonais, étaient imprévoyants et fastueux. Dès qu'ils furent délivrés des Turcs et que l'exploitation de leurs terres leur rapporta un peu d'argent, tous ne rêvèrent plus qu'à se mettre aux modes d'Occident, et le Juif se trouva juste à point pour satisfaire leurs désirs et au besoin les faire naître. Résultat : en moins de trente ans le boyard fut couvert de dettes et ses terres hypothéquées aux Juifs. Une forme de société qui se conservait là depuis des siècles fut détruite au moment même où le nouvel état de choses semblait devoir lui apporter plus de richesse et de pouvoir.

Quant au paysan moldave, sa situation empira elle aussi, comme celle du boyard, lorsqu'elle eût dû s'améliorer. Tant qu'il resta dans le servage (régime qui en Roumanie se prolongea, comme en Russie, jusqu'au milieu du dix-neuvième siècle), les Juifs ne purent lui prendre grand'chose, les malheureux ne possédant rien. Ils lui prenaient pourtant trop encore, car tous les cabarets étaient entre leurs mains, et ils lui offraient des tentations auxquelles le pauvre diable ne savait pas résister : l'alcool et toutes sortes d'objets fascinants, quincaillerie, cotonnades, mercerie, épicerie, dont il se passait autrefois mais qui lui semblaient nécessaires aujourd'hui qu'il les avait sous les yeux. Le servage ayant été aboli, chaque paysan reçut un petit lot de terre, remboursable en quinze années. Pour se procurer des outils, payer la rente de la terre, ou parce que sa liberté nouvelle ne l'avait pas détourné du cabaret (au contraire !) il tomba de plus en plus sous la coupe du Juif, qui fournissait l'outil, payait les arrérages et ne distribuait pas pour rien ses bons conseils et son alcool. Le paysan le remboursait en nature, lui vendait à vil prix son maïs, son blé, son avoine, son vin, les fruits de son verger, son miel, ses agneaux, ses poulets, ses œufs, son veau, la toile tissée par sa femme. Il aurait aussi vendu sa terre si la loi ne l'avait déclarée inaliénable pendant trente ans. Mais la loi n'avait pas prévu qu'il pourrait se vendre lui-même ! Comme il cédait au Juif sa récolte d'avance, il vendait aussi son travail, et souvent pour plusieurs années, en sorte que le serf émancipé retomba sous un servage plus sinistre encore que l'ancien.

Dans les bourgs et les villes, artisans juifs et petits boutiquiers s'étaient multipliés au point que chaque maison juive était une boutique. Et certes, tous ces Juifs ne s'enrichissaient point, mais tous savaient lire et écrire, et leur habileté en affaires et aussi la médiocrité des profits dont ils se contentaient supprimaient toute concurrence. Ils restaient misérables et rendaient tout plus misérable autour d'eux.

En vain les gouverneurs promulguaient-ils des ordonnances pour arrêter cette invasion, leur fermer la frontière, les empêcher de prendre des terres en fermage, leur interdire d'ouvrir de nouveaux cabarets, au moins dans les villages, etc., etc., tout restait lettre morte, car, d'une part, les Juifs excellent à tourner les règlements, et d'autre part, des siècles de domination turque n'avaient pas rendu les fonctionnaires insensibles au bakchich.

Les choses continuèrent de la sorte jusqu'au jour où l'Alliance Israélite Universelle, créée par Benjamin Crémieux sous le Second Empire, fit de la question des Juifs moldaves une affaire internationale. Toute l'Europe, alertée par l'Alliance et ses journaux, prit contre le paysan roumain le parti du cabaretier juif.

Le but poursuivi par Crémieux était qu'on accordât aux Juifs les droits civils et politiques. Une première fois, en 1867, quand les principautés unies de Moldavie et de Valachie reconnurent l'autorité du prince Charles de Hohenzollern et qu'on donna une Constitution à ce nouvel État, les Juifs en profitèrent pour demander à être mis en complète égalité avec les autres Roumains. Les députés allaient céder quand un cri de fureur s'éleva dans tout le pays. À Bucarest, la foule donna l'assaut au Parlement et incendia la synagogue qu'on venait de construire et qui n'était même pas encore inaugurée. Le projet de loi fut retiré.

Dix ans plus tard, au Congrès de Berlin, quand il fut question de transformer la Principauté en royaume, l'Alliance Universelle, qui venait d'obtenir les droits de citoyen pour tous les Juifs d'Algérie, essaya de refaire le même coup en Roumanie. À l'instigation de M. Waddington, le représentant de la France, qui n'était en cette affaire que le porte-parole de Benjamin Crémieux, les plénipotentiaires allemands, français et russes, posèrent comme condition expresse à la reconnaissance du Royaume « qu'en Roumanie la distinction des croyances et des confessions religieuses ne pourrait être opposée à personne comme un motif d'exclusion ou d'incapacité en ce qui concerne la jouissance des droits civils et politiques, l'admission aux emplois publics, ou l'exercice des divers emplois et industries dans quelque localité que ce fût ».

Les Juifs en conclurent aussitôt qu'ils avaient partie gagnée. Ils n'oubliaient qu'une chose, c'est qu'aucune loi ne leur ayant accordé l'indigénat, ils demeuraient des étrangers, et qu'aucun article du traité n'obligeait le gouvernement roumain à naturaliser les étrangers d'office. En dépit du Congrès, leur situation se trouva donc inchangée. Et même, le gouvernement se montra à leur endroit plus rigoureux qu'autrefois, fermant de nombreux cabarets, interdisant le colportage, défendant aux paysans de vendre leur travail pour des mois et des années, instituant le crédit agricole pour faire échec à l'usure juive, écartant les Juifs des Chambres de commerce, leur refusant le droit de posséder la terre, etc., etc.

Mais ils finirent par avoir leur revanche. Ce qu'ils n'avaient pu obtenir à Berlin, ils l'obtinrent à Versailles, quarante années plus tard.

À ce moment, la Roumanie, qui avait combattu aux côtés des Alliés, fut augmentée des trois provinces de Transylvanie, de Bukovine et de Bessarabie. Or, dans ces trois provinces, les Juifs pullulaient et possédaient déjà les droits de citoyen. Était-il admissible qu'en devenant sujets roumains, ils perdissent ce qu'ils avaient déjà ? Quant aux Juifs du Vieux Royaume, comme on appelait maintenant la Roumanie d'avant-guerre, ils avaient servi dans l'armée (plus ou moins bien, là n'est pas la question), et ils s'en prévalaient pour réclamer ce qu'on leur avait refusé jusque-là. Aussi, quand la constitution du nouvel État fut votée, rien ne put empêcher le Parlement d'accorder à tous les Juifs qui vivaient en Roumanie la pleine égalité avec les autres Roumains. Et c'est l'admission de ces intrus dans la communauté roumaine, qui, au printemps de 1923, vint jeter la consternation dans l'âme du professeur Cuza et de Codréano, jusqu'à leur arracher des larmes.

IV

L'ICÔNE DE LA VACARESTI

PLEURER ne sert de rien. Dans tout le pays, les étudiants chrétiens manifestèrent violemment contre les Juifs et la loi qui en faisait des Roumains. À Iassy, Codréano et les Quarante-six de la L.A.N.C. conduisaient la bataille. Comme on approchait des vacances, le gouvernement en profita pour fermer les universités. Quand elles furent rouvertes en octobre, celle de Iassy resta fermée. Codréano et ses camarades décidèrent d'y entrer quand même. Ils enfoncèrent les portes et hissèrent au sommet de l'édifice le drapeau national, sur lequel ils avaient peint une immense croix gammée. Cette croix n'était pas, comme on pourrait le croire, empruntée à Hitler mais à Cuza, qui longtemps avant le Führer avait fait son emblème de ce vieux signe sacré des Aryens.

L'armée cerna le bâtiment, les étudiants furent expulsés. Alors Codréano, suivant toujours son instinct de la conspiration et du mystère, réunit les Quarante-six dans un monastère désaffecté des environs de Iassy, qu'on appelle la Petite Cité, car tous ces monastères roumains formaient autant de petits univers qui embrassaient dans leur clôture tout ce qui est nécessaire à la vie ; et une fois de plus on jura de mener une guerre sans merci contre les Juifs et les partis politiques qui s'étaient tous mis à leur solde et venaient de trahir la patrie.

Le mois suivant, en Bukovine, au cours d'une réunion de la L.A.N.C., à laquelle assistaient des étudiants et des paysans, on décida d'envoyer à Bucarest une délégation chargée de demander au président du Conseil, M. Jean Bratiano, quelles mesures il comptait prendre pour empêcher l'accaparement des forêts par les Juifs et limiter leur nombre dans les universités.

Codréano et les autres délégués se présentèrent au ministère. Après trois heures d'attente, M. Bratiano leur fit dire qu'il ne pouvait les recevoir, car il devait présider un Conseil. Fureur des délégués, qui se mettent à faire du tapage et frappent à coups de poing et de pied la porte qui reste fermée. Finalement un huissier les introduit auprès du Président entouré de tous ses ministres. Les paysans parlent de leurs forêts, les étudiants du *numerus clausus*. Bratiano répond aux premiers qu'il va ordonner une enquête, et aux étudiants que leur demande lui semble impossible à satisfaire, car jamais encore on n'a vu aucune nation policée adopter la mesure qu'ils réclament.

Les paysans reprirent le chemin de la Bukovine. Mais les étudiants (ils étaient treize) décidèrent de passer aux actes et d'organiser la terreur contre les banquiers juifs et les politiciens vendus. Et ils étaient en train de tenir un conciliabule pour dresser la liste des personnages qu'il fallait abattre les premiers et aviser aux moyens de les exécuter, lorsque la police apparut. Tous furent arrêtés et jetés à la prison de la Vacaresti — encore un vieux couvent transformé en prison, qui s'élève à Bucarest au cœur du quartier juif, en sorte que les Treize y semblaient prisonniers d'Israël.

Sept d'entre eux furent aussitôt relâchés, dont l'étudiant Vernicesco, qui les avait dénoncés. Les autres restèrent cinq mois d'hiver dans des cellules glacées, sur des litières de paille, sans couvertures, dévorés par les poux. Mais dans cette misère, Codréano fit connaissance avec le personnage qui n'allait plus cesser de l'accompagner désormais.

Un jour son père, arrêté lui aussi, le conduisit dans la chapelle devant une icône de saint Michel, qui l'avait frappé par sa beauté. Lui-même en fut tellement saisi qu'il demeura quelques minutes dans un ravissement mystique. À partir de ce moment, il ne devait plus rien entreprendre qu'il ne plaçât sous la protection du chef des milices célestes, l'Ange exterminateur qui ouvrait derrière lui ses ailes de lumière lorsque j'étais allé le voir.

Le jour du procès arrivé, l'étudiant Vernicesco se présenta au tribunal avec les autres témoins, mais il ne devait jamais témoigner... Avant l'audience, un des six détenus, Motza, Transylvain, fils de pope, étudiant à l'Université de Cluj, qui s'était procuré un revolver par l'entremise d'un autre étudiant nommé Vlad, réussit à attirer Vernicesco dans un coin et l'abattit à bout portant. Les huissiers emportèrent le corps sous les yeux de Motza impassible, tandis que les autres conjurés sifflotaient l'hymne de la L.A.N.C.

Ce meurtre n'était guère de nature à disposer les magistrats en faveur des accusés. Mais la magistrature roumaine est, elle aussi, antisémite. Ils furent tous acquittés, sous prétexte que leur crime était resté à l'état de projet et qu'il n'y avait pas eu commencement d'exécution. Motza resta seul en prison, avec l'étudiant Vlad.

Fut-ce la protection de l'Archange, ou le séjour apaisant de la Vacaresti, Codréano revint à Iassy avec des idées moins tragiques. Il ne pensait plus à tuer personne, mais tout simplement à construire avec ses camarades un local pour servir de foyer à sa ligue. Ce local, ils le bâtiraient eux-mêmes, car ils étaient tous plus ou moins sous l'influence de Tolstoï et pensaient comme lui que le travail manuel est indispensable au bon équilibre de l'âme. Pour commencer, vingt-six d'entre eux établirent un camp de travail dans la localité voisine d'Unghéni, où ils fabriquaient des briques, tandis que d'autres cultivaient, à Iassy, un jardin d'un hectare, qu'avait mis à leur disposition une personne de la ville favorable à leur mouvement.

Le 31 mai 1924, à 5 heures du matin, ils étaient une cinquantaine occupés dans ce jardin, quand une troupe de soldats l'envahit en chargeant ostensiblement ses armes. Presque aussitôt accouraient quarante policiers, le préfet Manciu à leur tête.

Deux inspecteurs s'approchèrent de Cornélius Codréano et lui mirent leur revolver sur la tempe, tandis que le Préfet donnait l'ordre de lui lier les mains derrière le dos et le frappait lui-même au visage. Deux autres policiers lui enlevèrent la ceinture qui retenait sa blouse et lui attachèrent les poignets ; un autre lui envoya un coup de poing à la mâchoire ; un autre lui glissa à l'oreille : « Ce soir, ton compte sera bon ! Tu n'arriveras pas à mettre les Juifs dehors ! » ; un autre enfin lui cracha au visage.

Sous la menace des revolvers, ses camarades se tenaient immobiles, leurs regards fixés sur lui. Les policiers les fouillèrent un à un, rudoyant et jetant par terre ceux qui faisaient mine de résister. Puis entre deux haies de soldats on les fit sortir du jardin.

Codréano marchait en tête, les mains derrière le dos, son crachat au visage. Sur le trottoir M. Manciu accompagnait la colonne. Attirés par le bruit au seuil de leurs boutiques, les Juifs saluaient obséquieusement le Préfet avec des visages hilares. Il n'y eut que quelques collégiens des classes supérieures qui se rendaient au lycée, pour lever leurs casquettes devant les étudiants. Sans barguigner, les policiers les firent entrer dans le convoi.

À la préfecture de police, Codréano fut mis à part, tandis que le reste des prisonniers était gardé à vue dans la cour. Les uns après les autres, on les fit monter chez Manciu pour les interroger, et s'ils refusaient de parler, on leur enlevait leurs chaussures, on leur attachait les chevilles, puis on les suspendait à un fusil la tête en bas, on leur frappait la plante des pieds avec un nerf de bœuf. Ils hurlaient, criaient au secours. Pour les faire taire, on leur plongeait la tête dans un baquet d'eau. Quand ils demandaient grâce, on les détachait du fusil. Ils s'avançaient en titubant devant la table du Préfet, se jetaient à genoux et disaient en pleurant :

« Pardonnez-moi, monsieur, mais je n'ai rien à dire ! » Nouvelle pendaison, nouveaux coups.

Codréano fut, à son tour, conduit devant Manciu. On le déchausse, on lui met les chaînes, mais juste à ce moment on entend du bruit dans le couloir ; la porte s'ouvre, et l'on voit apparaître le professeur Cuza, flanqué d'un de ses collègues de l'Université, du procureur, du médecin légiste et de quelques parents des étudiants arrêtés.

— Que venez-vous faire là ? s'écrie le Préfet hors de lui. Je vous prie de sortir !

— Vous ne nous chasserez pas de la sorte ! lui réplique Cuza. Nous sommes venus, avec le procureur, porter plainte contre vous.

— Gendarmes, mettez-moi ces gens dehors ! s'écrie Manciu au comble de l'exaspération.

Mais l'autre professeur de l'Université le somme d'ouvrir la porte de la pièce où se trouvaient les détenus.

— Il n'y a personne dans cette chambre, déclare un inspecteur.

— Qu'on ouvre, insiste le professeur.

Et le procureur intervient pour que la porte soit ouverte.

On y trouva les étudiants malmenés. Le médecin les examina, établit des certificats, et on les rendit à leurs parents. Seul Codréano fut retenu. Deux jours après, il fut conduit devant le juge d'instruction.

— Monsieur le juge, déclara-t-il, si on ne me rend pas justice, je me ferai justice tout seul.

Dès qu'il fut remis en liberté, il se rendit chez Cuza.

— On m'a raconté, dit celui-ci, que tu parlais de te faire justice toi-même. Tu ne le feras pas, j'espère !... Nous allons adresser un rapport au ministre.

Un rapport au ministre ! Depuis son entrevue avec Jean Bratiano, Codréano savait ce qu'on pouvait en espérer. En attendant, il lui semblait qu'à Iassy tout le monde voyait sur sa figure le crachat du policier. Bientôt n'y tenant plus, il résolut d'aller cacher son humiliation dans la montagne.

Pendant un mois et plus, il habita, comme un ermite, une de ces charmantes collines boisées de Bukovine, que couronne souvent une chapelle. On était en été. Il s'était construit là-haut un abri de pierres et de branchages, couchait dans son manteau de bure, buvait l'eau de la source, et les bergers des environs lui fournissaient du pain, du lait et du fromage.

En somme, il eût pu être heureux dans cette solitude où il n'entendait d'autres bruits que le cri des vautours, s'il avait pu écarter le souvenir de l'affront reçu et de ses camarades torturés. Il se plaignait à Dieu, à l'Archange. Lui qui se sentait animé de pensées si généreuses, par quelle fatalité tout ce qu'il entreprenait échouait-il misérablement ?... Bientôt il n'aurait plus personne autour de lui, car lorsque la chance vous abandonne, tout le monde se détourne de vous... Opposer la force à la force, la violence à la violence ? Mais quel espoir de vaincre quand on a contre soi toutes les forces de l'État ?... Sa défaite était sûre, et l'opinion égarée par les Juifs ne saurait même pas pourquoi il avait combattu... Partir pour l'étranger, vivre ailleurs, n'importe où, plutôt qu'humilié dans son pays. Ou bien encore, quitter cette colline, ces vautours, ces bergers, descendre dans la plaine l'arme à la main, et abattre la bête féroce qui s'était mise en travers de sa route, Manciu, l'homme des Juifs...

Ainsi, pendant quelques semaines le solitaire rumina ces pensées, ne sachant à quoi s'arrêter. Le pain et le lait des bergers étaient un médiocre régime. Il sentait ses forces faiblir et son courage même plier. Enfin, sans avoir résolu son débat avec lui-même, et s'en remettant au destin, il décida de quitter la montagne. Une chose pourtant était bien décidée dans son esprit : il avait un revolver dans sa poche, et à la première provocation il saurait s'en servir.

À Iassy, l'agitation soulevée par les événements du mois de mai était loin d'être calmée, au contraire. Les Juifs montraient maintenant une arrogance qu'on ne leur avait pas connue depuis 1919, quand ils pouvaient se croire à la veille d'une révolution bolchéviste et se donnaient déjà des airs de commissaires du peuple. Manciu roulait dans une auto superbe, que lui avait offerte par souscription la société juive de Iassy. Chaque dimanche, il assistait aux exercices de l'Union sportive des Macchabées, et les accompagnait quelquefois dans leurs excursions à la campagne, derrière le drapeau sioniste blanc et bleu. Quant aux agents de police, qui un mois auparavant n'avaient pas de quoi se payer une paire de souliers, ils étaient aujourd'hui flambant neuf.

De son côté, dans son journal, le professeur Cuza menait campagne contre Manciu et demandait le rappel d'un homme dont le maintien à Iassy était une provocation aux étudiants chrétiens. Dans une réunion publique, le père d'un des jeunes gens maltraités, le commandant Dimitriu, prenait l'engagement solennel, si le gouvernement fermait l'oreille à ses réclamations, d'abattre lui-même le Préfet. Et le major Ambrozio, père d'un autre étudiant, rédigea un mémoire, où il déclarait notamment que Manciu avait crevé le tympan de son fils d'un coup de poing, et qu'il lui aurait depuis longtemps demandé une réparation par les armes, s'il ne s'était disqualifié dans une affaire d'honneur.

Le résultat de tant de plaintes fut que le Préfet fut élevé au grade de Commandeur de l'Étoile de Roumanie, et que ses policiers eurent de l'avancement.

Cependant, le procès de Motza et de l'étudiant Vlad approchait. Dans tout le pays, surtout parmi les étudiants, cette affaire échauffait les imaginations. Codréano se rendit à Bucarest pour témoigner aux Assises, en faveur de son ami. Il soutint que la punition d'un traître était un acte de salubrité publique. Les jurés pensèrent comme lui. Motza et Vlad furent acquittés.

Dehors, des milliers de personnes accueillirent le verdict par des acclamations enthousiastes. Pour la première fois depuis l'affaire du jardin, Codréano reprit confiance en la vie.

V

UNE AFFAIRE QUI FIT DU BRUIT

À IASSY, maintenant, il ne se passait pas de jour où quelque étudiant ne fût rossé par des policiers assurés de voir leur zèle récompensé, ou frappé par Manciu qui se croyait tout permis. Un de ces étudiants ayant été convoqué devant la Justice de paix, Codréano s'y rendit lui aussi pour assister son camarade. Il venait d'être introduit dans la salle quand M. Manciu arriva, escorté de deux ou trois policiers. À la vue de Codréano, le Préfet ne se contient plus, se jette sur lui et le frappe. Codréano sort son revolver et tire. Le Préfet tombe mort à ses pieds. Un policier s'élance. Codréano tire de nouveau et l'abat. Un deuxième veut le désarmer. Codréano tire encore et l'étend à son tour. Dans la salle, tout le monde prend la porte et s'enfuit.

Cependant la nouvelle de la mort de Manciu (les policiers n'étaient que blessés) s'était rapidement répandue. Tous les Juifs de Iassy accouraient sur la place, devant la Justice de paix. Lorsque le meurtrier voulut sortir pour se constituer prisonnier à la préfecture de police, il vit devant lui cette foule, les poings fermés, les bras tendus, prête à le mettre en pièces. D'une main il prit son revolver, qui contenait encore cinq balles ; de l'autre, le bras de l'avocat qui l'avait accompagné, puis il descendit lentement les marches du perron. Alors, comme par enchantement, les clameurs s'arrêtèrent, les poings s'ouvrirent, les bras s'abaissèrent ; et comme autrefois la mer Rouge s'était ouverte devant

Moïse, toute cette masse hébraïque s'écarta pour le laisser passer. À ce moment des policiers accoururent, lui arrachèrent son arme, lui lièrent les mains derrière le dos, et quatre soldats, baïonnette au canon, l'emmenèrent à la préfecture.

On le jeta dans une cour, et on le laissa là, contre une palissade, les mains toujours garrottées. Il ne doutait pas qu'il allait être fusillé dans un instant, mais, raconte-t-il dans ses *Mémoires*, tout lui semblait indifférent, maintenant qu'il s'était vengé.

Pendant ce temps, les étudiants alertés quittaient précipitamment leurs cours ou leurs cantines pour courir à la préfecture. De loin, Codréano, appuyé à sa palissade, entendait leur tumulte, leurs cris et leurs chants antijuifs. La nuit tombait, il restait toujours là. Enfin le juge d'instruction le manda devant lui, et après un interrogatoire sommaire l'expédia, dans le panier à salade, au monastère de Galata — une prison encore, comme si en Roumanie le progrès des Lumières amenait fatalement à cette destinée tous les endroits mystiques.

À Galata, la cellule était glaciale. Un lit de planches, pas de couverture, et toujours cette eau glacée qui suintait des murailles. Impossible de dormir dans ce froid. Pour ne pas se laisser engourdir, tous les quarts d'heure le prisonnier s'arrêtait d'aller et de venir et faisait un peu de gymnastique. Le treizième jour seulement on mit au mur une natte de jonc, on alluma un petit poêle, et on lui permit de sortir dans une courette, une heure par jour.

En même temps que lui, on avait arrêté son père et ses quatre autres compagnons de la Vacaresti. Pour protester contre les traitements qu'on leur faisait subir, ils firent la grève de la faim. Grande émotion dans la ville, où des gens disaient ouvertement que, si on les laissait mourir, eux aussi sortiraient leurs revolvers. Le gouvernement s'inquiéta, et le quinzième jour de la grève, on les remit en liberté. Mais il fallut les transporter à l'hôpital sur des civières. Peu après, l'un d'eux succomba.

Codréano resta seul à Galata, dans le vieux monastère exposé à tous les vents au sommet de son coteau. Chassée par la bourrasque, la neige entrait dans sa cellule par la fenêtre mal jointe et l'emplissait à demi. Est-ce là qu'en dépit de sa vigueur peu commune, il prit le germe de cette phtisie dont tant de moines, dans ce même endroit, ont dû être atteints avant lui ?...

Il était là depuis près de trois mois quand il apprit que son procès ne serait pas jugé à Iassy, où le gouvernement avait lieu de craindre des troubles, mais dans la ville de Focsani, qui passait pour une citadelle du parti libéral, et dont trois députés faisaient partie du ministère. Seulement, en Roumanie comme ailleurs, les sentiments profonds du pays ne correspondent pas toujours à sa représentation politique. On allait bien le voir à Focsani.

Le jour et l'heure de son départ avaient été tenus secrets, pas tellement toutefois que le bruit ne s'en fût aussitôt répandu. Quand on le conduisit à la petite gare, près de Iassy, où il devait prendre le train, les étudiants chrétiens lui firent une escorte d'honneur, et beaucoup seraient montés avec lui si la police ne les en avait empêchés.

À Focsani, la prison n'était pas moins sévère qu'à Galata, mais chaque jour des amis inconnus lui envoyaient des provisions, car toute la population se déclarait en sa faveur. Jusque dans la famille des trois ministres libéraux, on se disputait à son sujet. Tout le barreau chrétien de Roumanie, des milliers d'avocats, avait demandé à le défendre.

Le jour de Pâques, il entendit les cloches. Ce même jour, il fut averti par les cris de la rue que son procès était différé et qu'il n'aurait pas lieu à Focsani, où le gouvernement redoutait encore des troubles, mais à l'autre bout du pays, à Turn-Séverin.

Sur le bord du Danube, Turn-Séverin est une petite ville placée à deux pas de l'endroit où Trajan a laissé l'inscription fameuse commémorant son passage à travers les Portes de fer. Là-bas non plus Codréano ne connaissait personne ; et tandis que par la portière du wagon il voyait s'éloigner le beau pays moldave qu'il n'avait jamais quitté, il se sentait envahi de tristesse, comme si, malgré tous les déboires qu'il y avait connus, beaucoup de choses l'y protégeaient, qui ailleurs allaient lui faire défaut !... Allait-il être condamné aux travaux forcés à vie ?... Ne connaîtrait-il plus le bonheur d'aller et venir librement ?... Son procès n'était plus une question de justice, mais de force. Et quelle force allait l'emporter ? Cette sympathie universelle qu'il sentait monter autour de lui, ou la volonté du ministère judéo-libéral ?...

Ô surprise ! À Turn-Séverin, le directeur de la prison et tout le personnel lui firent le plus cordial accueil. Une chambre lui était réservée, une bonne chambre avec un plancher. C'était à qui lui donnerait des preuves d'intérêt. Quand il se promenait dans la cour, il voyait à travers la grille les enfants de l'école primaire qui se rassemblaient sur la place pour le saluer de la main. Le président du tribunal l'interrogeait avec bonté. Moins amical, le procureur n'était pas non plus insensible à l'opinion publique qui, à Turn-Séverin comme à Focsani, se soulevait en sa faveur. N'était-on pas ici au pays du fameux haïdoucq Jianu, grand pourfendeur de Turcs, et de ce Tudor Vladimiresco qui menait la vie dure aux Grecs, aussi redoutables naguère que l'étaient les Juifs aujourd'hui ?... La jeunesse s'enflammait pour lui. Il n'y avait pas jusqu'au maire de la ville qui ne s'intéressât à son sort.

Une fois de plus, le gouvernement allait-il se voir obligé de changer le lieu des assises ? Ç'aurait été trop ridicule ! Sans compter que, vraisemblablement, on aurait vu partout recommencer la même histoire.

Le procès s'ouvrit donc à Turn-Séverin, le 20 mai 1925, un an après l'affaire du jardin. De tous les points du pays, des trains bondés amenaient les étudiants. Les gens de Focsani, déçus de ne pas avoir eu l'honneur de l'acquitter, envoyaient une délégation conduite par le premier juré nommé pour les assises qui n'avaient pas eu lieu. La salle du palais de justice se trouva trop petite, et ce fut au théâtre que se déroulèrent les débats qui étaient, en effet, une grande affaire théâtrale.

Sur le banc de l'accusation, les policiers de Iassy et un Juif ; au banc de la défense, Cuza et le barreau de Turn-Séverin. Les policiers se contentèrent de nier tout ce qu'on leur reprochait, leur brutalité dans le jardin et les sévices que, sur l'ordre du Préfet, ils avaient infligés aux jeunes gens. Celui-là même qui avait craché au visage de Codréano nia tout, comme les autres. Alors, surgi de l'auditoire, un vigoureux gaillard vint l'empoigner à bras-le-corps et le précipita dans la salle, d'où il fut expulsé en un clin d'œil. Puis se tournant vers les autres policiers, le même irascible personnage leur cria que leur seule présence était une souillure pour la ville et qu'ils n'avaient qu'à déguerpir s'ils ne voulaient qu'on leur en fît autant. Saluant jusqu'à terre, et protestant qu'eux aussi étaient de bons Roumains mais qu'ils avaient reçu des ordres, les argousins se retirèrent au milieu des quolibets et des coups.

Le public soulagé put alors écouter les dépositions des témoins. Après quoi, l'avocat de la partie civile, président de la Loge à laquelle appartenait Manciu, se leva pour défendre le Préfet. Cuza prit la parole ensuite. Sa plaidoirie finie, l'accusé n'ajouta que ces mots : « Tout ce que nous avons fait, nous l'avons fait pour notre foi et pour notre pays. Nous jurons de lutter jusqu'au bout. »

La délibération des jurés ne dura que quelques minutes. Ils rentrèrent aussitôt, portant tous à la boutonnière l'insigne de la L.A.N.C., un ruban aux couleurs nationales avec la croix gammée.

Soulevé à bout de bras par la foule, Codréano n'entendit même pas la lecture du verdict. Dehors, une formidable ovation l'accueillit ; puis un cortège s'organisa pour le conduire en triomphe jusqu'au logis d'un notable de la ville. Sur son passage, de toutes les fenêtres, les femmes lui jetaient des fleurs.

Un train spécial avait été formé pour le ramener à Iassy, lui et les trois cents étudiants de l'Université venus assister à son procès. À chaque station, des paysans accourus de très loin le saluaient avec des bouquets, des chants et des acclamations. À Craiova, dix mille personnes se pressaient à la gare ; à Bucarest, cinquante mille. Enfin, pour couronner cette affaire qui tournait à l'apothéose, un mariage, comme dans les contes.

À la briqueterie d'Unghéni, Codréano s'était fiancé avec une personne de condition modeste, fille d'un contrôleur des chemins de fer. Il l'épousa quelques semaines après son retour à Iassy.

C'était en pleine campagne, dans un petit village. Vêtu en paysan roumain, pantalons blancs étroits, chemise brodée par-dessus la ceinture, chapeau orné de rubans et de fleurs, sandales de cuir tressé, le fiancé traversa le village, monté sur un cheval blanc et suivi de tous ses amis habillés comme lui à la roumaine. Venait ensuite le chariot de la fiancée, attelé de six bœufs parés de fleurs, et enfin les gens de la noce, trois mille personnes, hommes et femmes, en habits nationaux eux aussi. La cérémonie religieuse eut lieu sur la place du village, puis on dansa les danses du pays, et la fête se termina par un immense repas sur l'herbe.

De toutes parts, autos et charrettes avaient amené des curieux, au nombre de cent mille à peu près. On prit un film de ces noces : il fut projeté à Bucarest, mais dès le lendemain interdit par le gouvernement.

Pendant quelques semaines encore, Codréano fut l'homme le plus populaire de Roumanie. Des inconnus lui envoyaient des dons en argent et en nature pour lui permettre de construire le foyer de sa ligue chrétienne. Quatre cent mille lei arrivaient d'Amérique. Et les gens de Focsani, qui décidément s'étaient pris d'une vive affection pour leur ancien prisonnier, l'invitèrent à venir baptiser une centaine d'enfants nés dans la ville depuis qu'il l'avait quittée. Cette fois encore le gouvernement intervint : le baptême monstre n'eut pas lieu à Focsani, mais dans un village des environs, sous la menace des baïonnettes.

VI

OÙ REPARAÎT L'ARCHANGE

L E CHEF de la Ligue Nationale Chrétienne était toujours le professeur Cuza. Mais entre le maître et le disciple, l'entente n'existait déjà plus.

Le maître s'effrayait de l'élève, et l'élève ne voyait pas un chef dans le vieux professeur — un chef, c'est-à-dire un homme que la nature a doué d'un pouvoir magnétique, et toujours prêt à passer de la parole aux actes. Qu'avait fait le pauvre Cuza pendant sa longue vie ? Casser son parapluie sur un Juif !... Avec tous ses discours, ses conférences et ses articles, avait-il empêché Israël de conquérir sa ville et la Moldavie tout entière, boutique par boutique et maison par maison ?... N'était-ce pas la preuve que le vieil ami d'Édouard Drumont n'avait pas pris le bon chemin et qu'il fallait employer d'autres méthodes ?... Cuza était un vieux libéral qui croyait aux vertus du parlementarisme. La Ligue n'était pour lui qu'un parti pareil aux autres. « Entre qui veut, reste qui peut », déclarait-il aux adhérents avec un détachement olympien. Pour Codréano au contraire, la L.A.N.C. n'était pas un parti. Un parti nouveau, à quoi bon ? Il n'y en avait déjà que trop en Roumanie ! C'était dans son esprit un mouvement de rénovation morale, où les valeurs de l'âme primaient celles de l'intelligence ; quelque chose comme un Ordre militaire, où l'on ne mettait rien au-dessus de l'aptitude au sacrifice. Qui en faisait partie et avait prêté le serment n'était plus libre d'en sortir à son gré, mais se trouvait lié pour toujours ; et s'il en trahissait les secrets, il devait le payer de sa vie, comme il était arrivé au malheureux Vernicesco...

Cependant le fondateur de l'Ordre, avant de se jeter dans l'action, résolut de s'éloigner quelque temps. Éprouvait-il le besoin de se replier sur lui-même et de faire une sorte de retraite ? Ou bien, après tant de mois passés dans des prisons glacées, aspirait-il à un climat moins rude que celui de la Roumanie ? Cette fois, il ne partit pas pour l'Allemagne mais pour Grenoble, où il savait trouver l'air qui lui convenait, et aussi une Université accueillante aux étrangers, où il pourrait continuer des études que sa vie agitée avait sérieusement compromises. Des cadeaux reçus pour sa noce et de la vente d'une brochure publiée sous ce titre *Lettre des étudiants en prison*, il lui restait un peu d'argent. Il se mit en route avec sa femme.

Leur première étape fut Strasbourg. Il n'y vit naturellement que ce que sa passion voulait voir : des Juifs, encore des Juifs, tout pareils à ceux de Iassy ! Il est vrai qu'il n'en manque pas là-bas, mais tout de même on est un peu étonné quand il raconte que dans les restaurants toute la cuisine était *kascher*, et qu'il dut courir de rue en rue avant d'en trouver un qui fût tenu par un Chrétien !

À Grenoble aussi, des Juifs ! Soixante Juifs roumains contre cinq Roumains de race pure à l'Université ! Par bonheur, au cœur de la ville, la statue de Bayard, symbole de l'honneur chevaleresque, le consola un peu de sa déconvenue. Le souvenir de Stendhal ne semble même pas s'être présenté à son esprit.

Tout en suivant les cours, il travaillait pour vivre. Sa femme faisait des broderies qu'elle vendait à un magasin, et lui-même apprit à broder. Cahin-caha, ils vivotaient. Mais sur ces entrefaites, le général Averesco ayant pris le pouvoir et dissous le Parlement suivant la coutume roumaine à chaque changement de ministère, il ne tint plus en place et ne songea qu'à repartir pour soutenir aux élections les candidats de la Ligue chrétienne, et sans doute se présenter lui-même.

Mais où prendre l'argent du voyage ? Il écrivit à Cuza. Celui-ci se souciait fort peu de voir le jeune forcené apporter sa violence coutumière dans une lutte à laquelle il entendait garder son caractère de politicaillerie banale : il ne lui répondit même pas. L'autre vendit quelques broderies, et partit pour Bucarest.

Cuza l'accueillit fraîchement. S'il l'avait écouté, il serait reparti tout de suite. Mais se rappelant l'enthousiasme qui l'avait accueilli l'année précédente à Focsani, lors du baptême des enfants, il passa outre à son avis et décida de poser sa candidature là-bas.

La campagne fut des plus brutales, comme toujours en Roumanie, où chaque parti entretient à grands frais de rudes agents électoraux qu'on appelle des « rosseurs », chargés de défendre son idéal. Une fois de plus, il eut affaire à la police et aux gendarmes qui tirèrent sur sa voiture. Il reçut maints horions, et ne fut pas élu.

Pourtant la L.A.N.C. avait obtenu huit sièges. Cuza, son président, entrait au Parlement, et lui, le fondateur de la ligue, restait sur le carreau. Profondément déçu et ulcéré contre Cuza qui ne l'avait pas soutenu, il reprit le chemin de Grenoble.

Il s'installa à Pont-d'Uriage, car l'été était arrivé, et leurs ressources ne leur permettaient plus, à lui et à sa femme, le séjour de la ville. Ils occupaient une petite chambre dans la maison d'un sous-officier retraité, et il gagnait sa vie en se louant pour la moisson, le battage du blé ou l'arrachage des pommes de terre. En même temps, il continuait de préparer son doctorat. Mais les travaux rustiques ne valent rien pour les études ! Refusé à la session d'octobre, il ne fut reçu qu'en avril. Le mois suivant, il rentrait en Roumanie, quittant à regret le village où il avait appris à aimer le paysan français, et où il avait su se faire aimer lui aussi, car le jour de son départ, dans la petite gare de Romanches, les braves gens qui l'accompagnaient étaient aussi émus que lui.

Il rentrait parce qu'il fallait bien rentrer, et aussi parce que les Cinq de la Vacaresti, restés fidèles à son esprit, lui écrivaient que sous la molle direction de Cuza rien ne restait plus dans la L.A.N.C. de la ferveur des premiers temps, et que chacun n'y poursuivait que ses intérêts personnels. À son passage à Bucarest, il trouva le vieux professeur plus vif et pétulant que jamais, et naturellement disposé à croire que tout allait au mieux dans une ligue qui l'avait fait élire député. Codréano le quitta consterné.

Heureusement, pendant son absence, les cinq fidèles de la Vacaresti avaient bien travaillé. Sur la pierre de fondation qu'il avait posée lui-même à Iassy, la veille de son départ pour Grenoble, ils avaient bâti le Foyer, avec les briques d'Unghéni. Mais il s'agissait maintenant d'édifier autre chose ! Puisqu'entre les mains de Cuza la Ligue n'était plus qu'un pauvre corps sans âme, il fallait sans plus attendre lui substituer un groupement nouveau, animé de la mystique ancienne. Les Cinq en tombèrent d'accord et lancèrent un appel à tous ceux que la L.A.N.C. pouvait avoir déçus. Sept personnes en tout répondirent.

Ce n'était guère encourageant. Mais un secours lui vint du ciel. Jamais l'image du saint Michel, dont la beauté l'avait jeté en extase dans la chapelle de la Vacaresti, n'était sortie de son esprit : ce fut vers elle qu'il se tourna dans ces heures où tout l'abandonnait.

Le 24 juin 1927, il réunit les Cinq et les sept nouveaux adhérents qui avaient répondu à son appel, pour leur communiquer cet ordre avec solennité : « Aujourd'hui, 24 juin 1927, je crée sous mon commandement la Ligue de Saint-Michel Archange. Qu'il vienne parmi nous, celui qui a la foi illimitée. Qu'il reste loin de nous celui qui ne l'a pas. Je nomme Radu Bicovici chef de la garde de l'icône. »

Le lendemain, accompagné des Cinq, il se rendit chez Cuza.

Cuza les reçut dans la même pièce où, vingt-cinq ans plus tôt, il avait fait venir le pope pour régulariser l'union du père et de la mère de Cornélius, et le baptiser lui-même. Ils avaient tous revêtu leurs habits les plus propres, et se présentèrent avec la dignité compassée de personnes conscientes d'accomplir un geste de la plus haute importance. Codréano tira de sa poche un papier où il avait écrit quelques lignes, car il n'a aucune éloquence, et la causticité de son vieux professeur l'intimidait toujours. « Nous venons, lui dit-il, prendre congé de vous et vous demander de nous délier du serment que nous vous avons prêté. Il nous est impossible de vous suivre plus longtemps dans la voie où vous êtes engagé, car nous ne croyons plus en vous, et nous ne pouvons marcher sans la foi. Nous restons donc seuls dans la lutte, et nous la mènerons jusqu'au bout, selon notre cœur et nos idées. »

— À votre aise, leur répondit Cuza, sans se départir un instant de sa malicieuse bonhomie. Je vous délie volontiers du serment que vous m'avez prêté. Laissez-moi seulement vous conseiller de ne pas commettre trop de fautes dans le chemin où désormais vous allez marcher seuls. Mais c'est de bon cœur que je vous souhaite tout le bonheur possible.

Sur ces mots, et peut-être plus ému que ne le laissait penser son sourire, poliment il les poussa vers la porte.

La rupture était consommée entre le vieux rationaliste qui ne se plaisait qu'aux idées claires, et le jeune homme qui ne faisait confiance qu'à ces forces obscures de l'âme, que Cuza lui non plus ne dédaignait peut-être pas, mais qu'il était en tout cas bien incapable de manier.

VII

LA LÉGION DE L'ARCHANGE

La Légion de l'Archange n'avait pas de programme. Un programme, à quoi bon ? Les idées, c'est bien quelque chose, mais ce ne sont pas elles qui lient le plus fortement les êtres. Ce qui crée les liens véritables, c'est une commune façon de sentir. La Légion n'aurait d'autre objet que de réunir des gens de bonne qualité pour travailler ensemble à un dressage héroïque de l'âme. Dans la maison de saint Michel, on s'isolerait du reste des humains par de hautes barrières morales pour se fortifier soi-même et agir ensuite énergiquement sur les autres. On y vivrait dans l'amour de Dieu, la pauvreté, la confiance mutuelle, la foi en la mission légionnaire et le travail en commun. Toutes les discussions politiques, philosophiques ou autres, qui ne font qu'empoisonner les esprits et semer la zizanie, en seraient soigneusement écartées. Au lieu de discuter sur des questions oiseuses, on chanterait ensemble des hymnes religieux et populaires — ce qui est le meilleur moyen de créer l'harmonie entre les âmes. Et après quelques mois, quelques années peut-être, de cet entraînement, on verrait apparaître, sous l'aile de l'Archange, le héros au cœur pur qui apporterait une réponse à l'angoisse du peuple roumain.

En attendant ce jour béni, on badigeonnait à la chaux la chambre de l'icône, on suspendait des rideaux aux fenêtres, on inscrivait sur les murs des maximes du genre de celles-ci : « Que Dieu vous porte dans son char de victoire... Que celui qui n'a pas d'épée vende son vêtement et en achète... Ne chasse pas le héros qui est en toi... Qui sait mourir ne sera jamais esclave. » Devant l'image de l'Archange, une veilleuse était allumée, et dans la chambre un légionnaire montait la garde nuit et jour.

Tout cela parut extravagant, tout le monde en riait à Iassy et ailleurs. On les traitait de charlatans, voire d'agents provocateurs. Certains même les accusaient d'être vendus aux Juifs. Les étudiants se moquaient d'eux, le vieux Cuza faisait des mots.

Rude épreuve pour Codréano, dont la patience et la résignation n'étaient pas les vertus maîtresses ! Par moment il songeait à quitter sa retraite, à laisser là l'icône, les chants, le dressage de l'âme, pour tomber sur les Juifs, en assommer quelques-uns, quitte à succomber à son tour... Ses camarades (ils étaient vingt aujourd'hui) étaient prêts à le suivre, enivrés comme lui de la poésie de la mort.

Au lieu de jouer les haïdoucqs, ils eurent l'idée plus prosaïque de fonder une revue. Le père de Motza, un vieux pope, comme j'ai déjà dit, mettait à leur disposition une imprimerie qu'il connaissait et qui les éditerait à bon compte. Après de longues discussions, on choisit pour titre *La Terre des Ancêtres*. Titre banal en vérité, mais qui, dans l'exaltation où ils vivaient, leur apparut sublime, car il semblait descendre aux sources de la vie nationale, dans les arcanes de la race. Il va de soi que l'Archange figurait sur la couverture, avec ces mots qu'on lit sur une image de saint Michel conservée à Alba Julia : « Je lève sans pitié mon glaive contre les impurs qui veulent s'introduire dans la maison de Dieu. » On devine quels étaient ces impurs, et si on ne l'avait pas deviné, une carte de la Roumanie, où les agglomérations juives étaient marquées par des points noirs, l'aurait suffisamment fait comprendre... Enfin, une seconde épigraphe, empruntée celle-ci au poète Cosbuc : « Nous sommes entre les mains de Dieu. On ne meurt qu'une fois. Que ce soit à la fleur de l'âge ou en pleine vieillesse, c'est exactement la même chose. Mais ce qui n'est pas pareil, c'est de mourir en lion ou en chien enragé. »

Le succès dépassa toute espérance. En quelques jours, trois mille abonnés ! Abonnés d'aujourd'hui, partisans de demain. La Légion de l'Archange n'était plus maintenant une petite chose perdue dans l'indifférence universelle. Elle faisait entendre sa voix d'un bout à l'autre du pays. Les ressources venaient, les adhérents aussi : il n'était que temps d'aviser à l'organisation.

Quand il avait fondé la L.A.N.C., Codréano l'avait organisée sur le type de la légion romaine, en décuries et centuries. Aujourd'hui, laissant là ces dénominations militaires, il emprunta à la forêt le mot par lequel il désigna l'unité, la cellule de son nouveau groupement : il la nomma le nid, voulant signifier ainsi qu'il n'entendait pas bâtir une caserne mais quelque chose de vivant, de chaud comme le nid dans l'arbre.

Chaque nid ne devait compter que treize membres au plus. Il y en aurait pour les hommes et pour les femmes, les jeunes gens et les jeunes filles. Ce serait un lieu de refuge et de consolation pour l'âme solitaire, un endroit de prière et d'enthousiasme, de discipline et de travail, d'amour et d'aide réciproque. Quand on sortait du nid, on devait se sentir plus allègre et confiant dans son destin et celui du pays. Pas de chef désigné. Deviendrait chef de nid, qui se sentait la vocation de l'être et la capacité de former une cellule. À mesure qu'ils se multiplieraient, les nids se grouperaient par communes, cantons, départements, provinces, sans rien perdre de leur vie particulière.

Tout cela était longuement expliqué dans le *Livret du chef de Nid*, rédigé par Codréano. Le 8 novembre 1927, jour de la fête de l'Archange, au cours d'une réunion solennelle, chaque légionnaire fut appelé à prêter le serment que voici : « Peu nombreux mais puissants par notre foi inébranlable en Dieu, par notre volonté de rester fermes au milieu de la tourmente, par notre détachement absolu de tout ce qui est terrestre, nous jurons avec bonheur de servir la Roumanie et la Croix. »

À Iassy, la cérémonie eut un particulier éclat. Les légionnaires s'étaient rassemblés dans la chambre de l'Archange, en costume national, la croix gammée sur le cœur (seul souvenir qui leur restait de Cuza), puis ils se dirigèrent en cortège vers l'église de Saint-Spiridion. À cette occasion, Codréano, qui possède le secret des serments et des prières, avait rédigé une sorte de litanie, où il invoquait les héros d'autrefois et d'aujourd'hui : Étienne le Grand, Michel le Brave, Mircéa l'ancien, prince de Valachie qui lutta contre Bajazet, Ion qui battit les Tartares et les Turcs, Horéa, Closca et Crisan, révoltés transylvains suppliciés par les Hongrois, Ianko, Tudor Vladimiresco, et le roi Ferdinand, et tous les Voïvodes et tous les combattants tombés sur les champs de bataille... De retour au Foyer, on mélangea un peu de terre prise dans tous les lieux de Roumanie illustrés par quelque souvenir, on en remplit de petits sacs de cuir, et chaque légionnaire en suspendit un à son cou.

Hélas, si l'enthousiasme ne faisait pas défaut, l'argent manquait terriblement ! La revue coûtait cher, les cotisations étaient maigres. Codréano s'était endetté de trois cent mille lei, somme peu importante en soi (le leou ne valant pas grand'chose), mais qui ne laissait pas d'être accablante pour lui. Ses chaussures étaient éculées, ses vêtements en loques, et il eût été bien embarrassé pour vivre, s'il n'avait été hébergé, lui et sa femme, par son beau-père, le petit employé de chemins de fer, homme excellent, mais qui avait déjà sept personnes à nourrir.

Les cinq fidèles de la Vacaresti n'étaient pas plus heureux, car depuis leur sortie de l'Université ils avaient tout à fait négligé leur carrière, et tandis que leurs camarades se tiraient plus ou moins bien d'affaire, eux faisaient figure de ratés. D'un commun accord on décida qu'ils se feraient inscrire au barreau, et que Codréano resterait seul à s'occuper du Foyer.

Il obtint de son père qu'il hypothéquât une maison qui lui appartenait, pour payer ses dettes les plus criardes. Avec l'argent qui lui restait, il acheta une camionnette, et comme il avait fait à Iéna, il se mit à vendre à la campagne des marchandises achetées à Iassy, et à Iassy des denrées achetées aux paysans. C'était ce que faisaient beaucoup de Juifs avec succès. Mais il n'était pas juif. Ce trafic ne lui donna pas les résultats qu'il escomptait.

Il dut y renoncer et se fit inscrire au barreau d'Unghéni — ce qui non plus ne lui apporta pas la fortune.

Les affaires de la Roumanie n'allaient pas mieux que les siennes. Le leou était tombé très bas. Chaque jour éclatait quelque nouveau scandale politique et financier. Aux élections de 1928, le parti libéral, qui était au pouvoir depuis la guerre, s'écroulait sous les coups des nationaux-paysans dirigés par M. Maniu. Et ces derniers s'effondraient à leur tour dans le scandale, car tout national et paysan qu'il fût, ce parti n'était pas plus que les autres insensibles aux pots-de-vin. De nouvelles élections allaient bientôt avoir lieu. Le chef de la Légion de l'Archange Michel jugea le moment opportun de faire entendre au peuple (et le peuple là-bas, ce sont les paysans) un autre langage que celui qu'on lui avait tenu jusque-là.

VIII

CHEVAUCHÉES DANS LA CAMPAGNE

Un beau jour il quitte Unghéni, et le voici qui part à travers la campagne, à cheval, en habit de paysan, suivi de quatre légionnaires en habits nationaux également, et qui, eux, allaient à pied. Au premier village qu'il rencontre, il réunit les villageois dans la cour de l'église et leur annonce que l'heure de la résurrection est proche, que les temps nouveaux arrivent, qu'un monde vide de foi s'en va et qu'un autre va naître, dans lequel chacun aura sa place, non d'après son savoir et ses diplômes mais suivant la puissance de sa foi et la qualité de son âme. On l'écoute bouche bée, mais avec beaucoup de plaisir. Puis il s'éloigne sur la route avec ses quatre légionnaires.

Au village suivant, le bruit de sa venue s'était déjà répandu. C'était le soir. On l'attendait, des cierges à la main. Il recommence son homélie, et le lendemain, quand il repart, trois paysans à cheval s'ajoutent à sa petite troupe.

Ainsi, de village en village, son escorte s'accroît de nombreux cavaliers, de dix-huit à vingt ans. Tous avaient mis à leur bonnet des plumes de dindon ; et Codréano à leur tête, précédé lui-même d'un légionnaire portant la bannière de saint Michel, ils faisaient leur entrée dans les villages en chantant. Les villageois venaient à leur avance ; on se rendait devant l'église ; les cloches se mettaient à sonner ; Codréano faisait son discours, et bien qu'il ne fût pas éloquent, ses paroles remuaient au fond des cœurs des sentiments religieux et moraux, auxquels jamais politicien ne s'était intéressé. Là-dessus, la petite cavalcade poursuivait son chemin, et sur la route, des gens venus de villages lointains accouraient pour leur demander : « Quand venez-vous chez nous ? »

Après avoir parcouru de la sorte la Moldavie et la Transylvanie, recevant partout le même accueil enthousiaste, les pèlerins de Saint-Michel arrivèrent en Bessarabie.

Ici les Juifs sont plus nombreux que partout ailleurs en Roumanie, car jusqu'au Traité de Versailles la Bessarabie faisait partie de la Russie, et le gouvernement du Tsar en avait fait une sorte de colonie judaïque, où il déversait le trop-plein de la population juive des provinces du Sud. Au moment de la révolution des Soviets, les Juifs bessarabiens s'étaient montrés furieux partisans du régime nouveau. En devenant Roumains, ils n'avaient pas changé.

Dès que les légionnaires de l'Archange eurent mis le pied dans la province, les paysans affluèrent autour d'eux. Suivi maintenant de trente cavaliers, dont les chevaux portaient au poitrail une croix de calicot blanc, et lui-même tenant à la main une haute croix de bois, Codréano s'avançait, promettant comme toujours l'avènement d'un monde nouveau et la destruction des Juifs. Rien ne pouvait plaire davantage. C'était par milliers que les gens, partout où il passait, accouraient autour de lui, malgré les efforts de la police pour empêcher les réunions. Et dans les villes, tous les groupements de jeunesse antisémites l'accueillaient en libérateur.

Ce fut alors qu'il rencontra un homme à peu près de son âge, qui devait devenir, avec Motza, son principal lieutenant, mais auquel, pas plus qu'à Motza il ne devait porter bonheur. Michel Stelesco (c'était son nom) avait organisé à Galatz, sous le vocable des *Frères de Croix*, un petit groupe qui par ses tendances ressemblait en tout point à celui de Codréano. Tous deux se reconnurent comme frères. Et l'idée leur vint d'organiser à travers la Bessarabie une promenade monstre, et telle qu'en Roumanie on n'avait rien vu de pareil.

Il s'agissait d'une marche depuis le Pruth jusqu'au Dniester. L'expédition durerait un mois. Formés en sept colonnes, légionnaires de l'Archange et Frères de Croix traverseraient le Pruth le même jour, à la même heure, le matin du 20 juillet. M. Vaïda-Voïvod, ministre de l'Intérieur, fort antisémite lui-même, avait autorisé la manifestation. Mais pendant le mois qui se passa à préparer l'expédition, la presse juive se déchaîna avec une telle violence que Vaïda prit peur, et la marche fut interdite.

Il n'en restait pas moins qu'en sept ou huit semaines Codréano venait de retrouver quelque chose du prestige qu'il avait connu au moment du procès de Manciu, et que son mouvement national et mystique sortait soudain du cercle étroit où il avait végété jusqu'ici. Les Frères de Croix s'étaient fondus avec ses légionnaires pour former un groupement unique, qu'il appela la Garde de Fer. Comme dans la Légion de l'Archange, l'idéal de la Garde était toujours de créer l'homme nouveau, le Roumain sans peur et sans reproche, qui se dévouerait avec un désintéressement total aux intérêts supérieurs de la patrie, ferait la guerre aux Juifs, aux politiciens corrupteurs et corrompus, et militerait pour la Croix. Mais sur la tunique de l'Archange on mettait cette fois une cuirasse, et dans sa main une épée flamboyante. À la manière des Chemises noires italiennes et des S.S. hitlériens, la Garde était organisée d'une façon toute militaire, avec ses cadres, ses grades, ses emblèmes, ses uniformes, ses exercices. Elle n'aurait pas porté la marque de Codréano si tous ses adhérents n'avaient pas été liés entre eux par un serment secret. Quant à lui, il prit désormais le nom de Capitaine, en souvenir des chefs haïdoucqs, auxquels il entendait ressembler.

IX

INTERMÈDE ROYAL

La Garde existait depuis deux ans et avait déjà fait de nombreuses recrues parmi les paysans et la jeunesse des universités, quand, en 1930, intervint dans la vie roumaine un nouveau personnage.

Le roi Ferdinand était mort en juillet 1927, et à ce moment s'était posé un problème qu'on pouvait croire résolu mais qui en réalité ne l'était pas : qui lui succéderait ?

Un an et demi avant sa mort, par l'Acte du 4 janvier 1926, le Roi avait déclaré déchu de ses droits à la couronne son fils aîné le prince Carol. À quels motifs avait-il obéi ? Il semble qu'en toute cette affaire, cet homme faible, déjà sur sa fin, avait subi l'influence d'une partie de son entourage et singulièrement de Jean Bratiano, son tout-puissant ministre, qui jouissait d'un double prestige : d'abord, d'être le fils de ce Bratiano grâce auquel l'indépendance roumaine avait été reconnue au Congrès de Berlin ; ensuite, d'avoir lui-même créé la Grande Roumanie, en entraînant son pays dans la guerre aux côtés des Alliés.

Bratiano n'aimait pas Carol, dont il redoutait le caractère personnel et violent. Et l'on doit reconnaître que sa conduite jusque-là n'avait donné que trop raison à ses craintes. Profitant d'un séjour du prince en Angleterre, le ministre représenta au Roi les dangers que ferait courir à l'État ce jeune homme emporté par ses passions et qui n'en voulait faire qu'à sa tête. Ferdinand se laissa convaincre et signa, les larmes aux yeux, nous dit M. Iorga, l'ancien précepteur de Carol, l'acte qui enlevait à celui-ci ses droits à la couronne, lui interdisait de revenir en Roumanie, désignait pour héritier présomptif son fils Michel encore enfant, et instituait pour diriger les affaires un Conseil de régence composé du frère du roi, le prince Nicolas, du patriarche orthodoxe, Mgr Miron Cristéa, et du président de la Cour de cassation.

L'année suivante, lorsque Ferdinand mourut, tout se passa sans incidents, comme il avait été réglé. Carol demeura en exil (on ne lui permit même pas d'assister aux obsèques de son père), et le Conseil de régence remplit le rôle qui lui était assigné. Mais dès la mort de Bratiano, qui survint quelques mois après, l'exilé se mit à préparer sa rentrée en Roumanie, avec d'autant plus de chances de succès qu'aucun homme politique n'avait recueilli l'héritage moral du vieux ministre, et que personne ne prenait au sérieux le Conseil de régence et la royauté d'un enfant.

Une première tentative de retour n'aboutit qu'à un échec, le gouvernement anglais ayant fait saisir l'avion qui devait emporter Carol. Un autre essai, organisé en France, eut au contraire un plein succès. Le prince quitta Paris en avion et atterrit à Cluj, au milieu du régiment commandé par le colonel Procop, un des chefs de la conspiration. De Cluj, toujours en avion, il partit pour Bucarest, où le général Marinesco, commandant de la garnison, le reçut comme avait fait Procop.

M. Maniu, président du Conseil, voyait-il d'un œil favorable le retour du prince exilé par ses adversaires libéraux, ou cédat-il aux circonstances ? Dès qu'il fut informé de son atterrissage, il demanda au Conseil de régence qu'on l'autorisât à ne pas tenir compte de la décision du feu roi interdisant à son fils de mettre les pieds en Roumanie. Unanimement le Conseil lui accorda cette autorisation, et Carol put se rendre au palais, où son frère, le prince Nicolas, l'accueillit à bras ouverts.

Cependant, au gouvernement, les ministres étaient divisés, les uns étant d'avis de rétablir Carol dans la plénitude de ses droits, et les autres de l'admettre simplement au Conseil de régence. Avec une modestie fort habile, il déclara s'en remettre à la volonté du Parlement.

Le ministère démissionna, et le professeur Mironesco forma incontinent un nouveau cabinet, où tout le monde s'entendait sur la façon de régler la question dynastique. L'affaire ne traîna pas. Le lendemain de son arrivée, le prince quittait le palais au milieu des acclamations, pour se rendre au Parlement. Dans la voiture il se tenait à la gauche du prince-régent. Mais quelques instants plus tard, quand il sortit de la Chambre, les places étaient changées, et cette fois c'était le prince Nicolas qui se trouvait à sa gauche. À l'exception des libéraux qui s'étaient abstenus (mais ils ne comptaient guère dans une Chambre où les nationaux-paysans avaient 80 pour 100 des suffrages), sénateurs et députés étaient tombés d'accord pour rendre la royauté à Carol, et même pour déclarer qu'il était roi depuis la mort de son père.

Avec lui arrivait au pouvoir un homme qui avait ses défauts, mais travailleur, intelligent, énergique, beaucoup moins respectueux des droits du Parlement que son attitude récente aurait pu le faire croire, et dont toute l'activité allait s'employer désormais à disloquer ces partis politiques qui ne pouvaient que le gêner dans l'exercice du pouvoir, à commencer par la Garde.

X

LA GARDE DE FER

Peu après le retour du Roi, un étudiant nommé Béza blessait, assez légèrement d'ailleurs, le sous-secrétaire d'État, M. Angelesco. Aussitôt, la police soupçonna la Garde de Fer d'être mêlée à cette histoire et arrêta le Capitaine. Celui-ci déclara qu'il connaissait à peine Béza ; qu'il l'avait vu, quelques jours auparavant, arriver très excité dans un cercle d'étudiants, et arracher de son veston une décoration qu'il avait gagnée à la guerre ; que Béza lui avait demandé d'entrer dans la Garde, et qu'il lui avait répondu d'une façon assez évasive ; qu'enfin, la veille de l'attentat, l'étudiant l'avait invité à passer la soirée chez lui, et qu'il avait dit non.

La presse juive, toujours excitée contre Codréano, affecta de ne voir, dans ces explications, qu'une preuve de la complicité des deux hommes et une lâcheté du Capitaine qui reniait son camarade. Relevant le défi, Codréano déclara se ranger aux côtés de Béza. Et une fois de plus, il refit connaissance avec la Vacaresti.

Ce Béza était un Koutzo-Valaque, traduisez un Valaque boiteux, c'est-à-dire qu'il appartenait à cette famille de Roumains qui ont émigré depuis des siècles aux Balkans, où ils vivaient par petits groupes d'agriculteurs et de bergers, conservant avec fidélité leur attachement à la langue et au pays ancestral. Mais dans leur vie nouvelle, ils avaient perdu peu à peu cette douceur de caractère qui distingue le paysan roumain, pour prendre la rudesse et l'esprit de vendetta des peuples balkaniques parmi lesquels ils habitaient.

Après la guerre, beaucoup de ces Valaques boiteux rentrèrent en Roumanie, à la suite des échanges de populations qui eurent lieu entre les différents États de l'Europe orientale. Le gouvernement roumain les installa en Dobroudja, au lieu et place des Bulgares. On en trouvait beaucoup à l'Université de Bucarest, car ils sont aussi fins d'esprit que brutaux de nature.

C'était une espèce d'hommes que Codréano n'avait guère eu l'occasion d'approcher : on n'en voyait pas à Iassy, et il n'avait pour eux qu'une admiration lointaine, toute historique, pourrait-on dire. Dans l'intimité de la prison, il apprit à les mieux connaître, car en même temps que Béza, un certain nombre de ces Koutzo-Valaques avaient été arrêtés. Il apprécia, comme il convient, la froide résolution avec laquelle ils étaient prêts à sacrifier leur vie, et naturellement celle des autres. Et à partir de ce moment, il aima s'entourer de ces hardis garçons, qui allaient apporter dans la Garde de Fer les habitudes de violence des Comitadjis macédoniens.

Au bout d'un mois et demi, aucune preuve n'ayant pu être relevée contre lui, on le remit en liberté. Mais à la suite d'un nouvel attentat, cette fois contre un journaliste juif, le ministre de l'Intérieur décida de dissoudre la Garde de Fer et d'arrêter de nouveau son chef, coupable d'entreprises criminelles contre la sûreté de l'État et d'avoir organisé une association militaire et secrète.

Un mois plus tard, le tribunal rendait une sentence constatant que Codréano recrutait, en effet, des adhérents parmi les paysans et la jeunesse des écoles ; qu'il les enrôlait dans des nids, foyers et autres centres d'action ; qu'il leur faisait prêter un serment qui les obligeait au secret ; que la Garde de Fer avait des uniformes, des grades, des insignes et s'entraînait à des manœuvres ; mais que cette organisation n'étant jamais passée aux actes, le seul fait de son existence ne pouvait être considéré comme une infraction à la loi, et qu'en conséquence ses membres échappaient aux mesures répressives que l'on sollicitait contre eux.

Codréano fut acquitté, mais le procureur fit appel. Pendant deux mois encore, lui et ses camarades demeurèrent à la Vacaresti, jusqu'au jour où un nouveau jugement les rendit à la liberté.

Cependant, l'ordonnance du ministère de l'Intérieur n'ayant pas été rapportée, la Garde de Fer restait dissoute. Elle n'en continuait pas moins de vivre et de se développer. Seulement, aux élections générales de 1931, le Capitaine se contenta de présenter ses candidats sous l'étiquette électorale : Groupement Cornélius Codréano.

Bien que le groupement eût recueilli un nombre respectable de voix, il n'obtint aucun siège. Ce qui s'explique tout naturellement quand on connaît la loi électorale roumaine, laquelle, bonne ou mauvaise, est unique en son genre.

Le principe est celui de la représentation proportionnelle, avec cette particularité que si un des partis obtient un minimum de 40 pour 100 des suffrages, non seulement il a droit au nombre de sièges correspondant à ce chiffre, mais encore à la moitié des sièges restant à distribuer. Prime qui lui assure du coup une majorité substantielle de 70 pour 100. Dans un pays très politicailleur, où les partis pullulent, il n'y avait pas d'autre moyen de former une majorité pour gouverner. Mais ce système, qui avantage les groupements les plus importants, défavorise les petits. D'où l'échec de Codréano. À quelques semaines de là, il prit une revanche dans une élection partielle, où le système de la prime ne jouait plus. Il fut élu. Et peu après, un autre siège s'étant trouvé vacant à Tutova, il y présenta son père.

Cette campagne s'annonçait dure. Pour affronter les gendarmes et les rosseurs, vingt-cinq légionnaires, sous les ordres de Michel Stelesco, partirent de Bucarest, et comme ils n'avaient pas d'argent pour prendre le train, ils firent trois cents kilomètres à pied. Le temps était effroyable. Une tempête de neige, comme depuis longtemps on n'en avait vu de pareille, balayait la plaine roumaine. Il fallut dix jours aux marcheurs perdus dans la bourrasque, pour rejoindre à Tutova les équipes venues de Iassy, de Galatz et d'ailleurs.

Il y eut des incidents épiques. À l'entrée d'un village, une petite troupe de légionnaires se heurte à la gendarmerie. Les uns après les autres, ils tombent assommés dans la neige. Les gendarmes les traînent par les pieds jusqu'au poste de police ; mais d'autres camarades accourent. Bataille jusqu'à cinq heures du matin. Finalement les prisonniers délivrés sont transportés à l'hôpital... Et vingt autres histoires pareilles, qu'il serait trop long de raconter.

Ému par ces bagarres, le gouvernement crut nécessaire de prononcer une fois de plus la dissolution de la Garde, et remit l'élection à plus tard. Et cette fois, le père de Codréano fut élu.

L'année suivante, 1932, nouvelles élections générales. Au lieu des 17 candidats qu'il avait présentés aux élections précédentes, Codréano en présenta 36. Il lui revint cinq sièges. Stelesco et Motza rejoignirent au Parlement le Capitaine et son père.

Le parti qui sortait vainqueur des élections était le parti national-paysan, qui réclamait un nouveau partage des terres et exigeait du Roi le respect du régime parlementaire. Le roi Carol en effet, que M. Maniu avait tant contribué à faire rentrer en Roumanie, avait profondément déçu le chef des nationaux-paysans par son ingérence indiscrète dans les affaires politiques et sa dictature déguisée. L'hostilité entre eux était si déclarée qu'en dépit du succès de son parti, ce ne fut pas M. Maniu qui fut chargé de former le ministère, mais M. Vaïda-Voïvod, national-paysan lui aussi mais tout dévoué au Roi, et en réalité beaucoup moins démocrate que le programme qu'il affichait.

On se rappelle que quatre ans plus tôt, étant déjà président du Conseil, il avait accueilli bienveillamment Codréano et même autorisé un moment la marche grandiose qu'il projetait à travers la Bessarabie. À cette époque, il l'avait reçu plusieurs fois, le conseillant, l'encourageant, l'inspirant même, et lui fournissant, dit-on, des subsides, avec l'idée que dans un pays sourdement menacé de troubles agraires et ouvriers, une force jeune et résolue, révolutionnaire et conservatrice, pouvait servir à l'occasion.

Or juste à ce moment, à l'instigation des Soviets dont le gouvernement roumain venait de repousser les offres d'amitié, des grèves communistes venaient d'éclater à Bucarest. Barricadés dans une usine, quatre mille ouvriers des chemins de fer faisaient la grève sur le tas, réclamaient la formation de Conseils ouvriers et bloquaient dans une gare le train de la reine Marie, qui rentrait de Belgrade. Codréano ne manqua pas de mettre à profit ces circonstances et les bonnes dispositions du président du Conseil à son endroit, pour fortifier sa Garde, qui malgré deux interdictions successives ne s'en portait pas plus mal. Il accentua son caractère militaire, multiplia les adhérents, créa des commandants de légion (Stelesco fut le premier nommé) et institua un Sénat, qui devait être à la fois le tribunal et le conseil suprême du parti.

Malheureusement pour lui, il y avait dans le gouvernement un petit homme, borgne, énergique et têtu, M. Calinesco, ministre de l'Intérieur, qui ne voyait dans la Garde de Fer que désordre et terrorisme, et dans son Capitaine qu'un vulgaire chef de bande, à la solde de l'Allemagne.

Hitler venait de prendre le pouvoir, et déjà la propagande national-socialiste travaillait la Roumanie. Elle y trouvait des points d'appui surtout dans la Transylvanie et le Banat de Temesvar, où existent de vieilles et nombreuses colonies allemandes qui n'ont perdu ni le souvenir de l'ancienne patrie, ni l'espoir de s'y rattacher un jour. Des groupes s'y organisaient à la mode nazie, avec insignes, uniformes et fanfares. Et le Capitaine, qui par tant de points se rapproche de Hitler — son origine germanique par sa mère, sa mystique si étrangère au véritable esprit roumain, son appel aux forces obscures de l'âme, sa haine des Juifs et des partis, son horreur du communisme — ne devait-il pas être tenté de prêter une oreille complaisante aux agents hitlériens, si ce n'était déjà fait ?

Calinesco vit le danger, et par tous les moyens possibles — arrestations de légionnaires, vexations de paysans, emprisonnements, bastonnades, refus de places aux étudiants soupçonnés de codréanisme — il essaya, malgré Vaïda-Voïvod, de barrer le chemin à la Garde de Fer, toujours dissoute, toujours vivante.

Codréano, lui aussi, vit le péril et se rendit compte qu'avec le Borgne il fallait rendre coup pour coup. Autour de lui, son monde fléchissait. Il était au bord de la ruine. Comment ranimer l'enthousiasme ? Qu'inventer pour frapper les imaginations ?... Il créa l'Équipe de la Mort.

Elle se composait de quinze hommes, qui devaient parcourir tout le pays en camionnette, chantant des hymnes religieux et des airs patriotiques, et décidés à affronter jusqu'à leur dernier souffle les forces gouvernementales. Les Quinze partirent de Bucarest à peu près sans argent, s'en remettant aux paysans de les alimenter, eux et leur véhicule. Cette fois encore le sang coula, car ainsi qu'on a pu déjà voir, la police roumaine n'y va pas de main morte ! Ils se jetaient sous les chevaux des gendarmes ou les voitures des policiers, s'agenouillaient devant les mitrailleuses en chantant leurs cantiques, étaient sans cesse emprisonnés, jugés et, bien entendu, acquittés, car tout le barreau de Roumanie et la magistrature étaient plus que jamais antisémites ; bref ils faisaient figure de martyrs et soulevaient sur leur passage l'enthousiasme du populaire. Le Capitaine, en personne, les rejoignit en Transylvanie, et avec quatre des légionnaires fit à pied cent quatre-vingts kilomètres, tandis que les autres continuaient leur randonnée en camionnette, au milieu des mêmes bagarres, des arrestations, des procès et des acquittements triomphaux. Au bout de deux mois, toute l'équipe, couverte de bleus mais au complet, rentrait à Bucarest. L'effet avait été prodigieux.

Il ne s'en tint pas là. Toujours fidèle à l'idée tolstoïenne que le travail physique est nécessaire à la santé de l'âme, il avait organisé des camps de travailleurs, où étudiants et paysans fraternisaient dans l'accomplissement de ces tâches humbles mais utiles, qui sont comme des actes de foi : réfection d'une route, réparation d'un pont, construction d'une église, curage des fossés, etc., etc. Cette fois, il lui vint à l'esprit l'idée d'une entreprise qui aurait la valeur d'un symbole. Il s'agissait de construire une digue pour protéger quelques milliers d'hectares, que le débordement de la rivière Buzeu inondait chaque année. C'était aussi une façon discrète de montrer au gouvernement qu'il ne faisait pas ce qu'il devait.

Le 10 juillet 1933, il lança cet appel : « Légionnaires ! il est temps de nous mettre à l'ouvrage. Assez de politique, assez de bavardage. Nous, nous voulons construire, du petit au plus grand, un pont, une chaussée, un barrage, des habitations paysannes, et même des villages et des villes, et même un État roumain tout neuf. Sur les ruines d'aujourd'hui édifier un pays nouveau, c'est la vocation historique de notre génération. »

La digue devait être élevée en deux étapes de trente jours, par deux équipes successives de cinq cents travailleurs. Cette fois encore, M. Vaïda-Voïvod avait approuvé le projet. Mais le Borgne avait l'œil ! Mesurant la faute commise en laissant faire aux Quinze leur tournée théâtrale, il donna l'ordre de disperser les légionnaires de Buzeu avant qu'ils se fussent mis à l'ouvrage.

Au jour fixé pour le commencement des travaux, ils étaient deux cents à pied d'œuvre. Les gendarmes les refoulèrent avec leur mansuétude habituelle, tandis que sur toutes les routes qui conduisaient à Buzeu, ils en bousculaient d'autres, accourus de tous les points du pays.

Indignation du Capitaine ! Vaïda l'avait trahi ! Il lui écrivit sur-le-champ une lettre véhémente, qui se terminait par ces mots : « Prenez garde ! J'ai dressé ces jeunes gens à l'école du sacrifice et de l'honneur. Nous savons mourir et nous le prouverons. On peut nous enfermer, nous faire pourrir à la Vacaresti, mais nous refusons de nous laisser gifler, injurier, garrotter. À aucun moment de leur histoire, les Roumains n'ont accepté d'être déshonorés. La mort, oui ; l'humiliation, non. Nous ne serons jamais des esclaves. Des journées comme celles de l'autre jour, nous ne voulons plus les revivre. Depuis dix ans que nous endurons toutes sortes de tourments, nous sommes suffisamment endurcis, nous avons assez de force morale pour sortir dignement d'une vie que nous ne saurions supporter sans honneur. »

En dépit du geste énergique de son ministre de l'Intérieur, M. Vaïda-Voïvod était violemment pris à partie par ses adversaires libéraux, qui lui reprochaient ses complaisances, occultes ou avouées, à l'égard de Codréano. M. Duca, le chef du parti libéral, affirmait dans une interview donnée à un journal parisien, que le jour où il deviendrait président du Conseil, il se faisait fort de supprimer une bonne fois la Garde de Fer. Or juste à ce moment le ministère tomba, les libéraux prirent le pouvoir, et comme il l'espérait, M. Duca devint le chef du nouveau gouvernement.

XI

LE MEURTRE DE DUCA

M. Duca était un homme fin, disert, très cultivé, un de ces Roumains d'avant-guerre parisianisés et sceptiques, de faible résistance physique, et certainement l'homme du monde qui ressemblait le moins à Cornélius Codréano. Au reste, d'une intégrité parfaite, ce qui le distinguait de la plupart de ses collègues au Parlement, pour lesquels la politique n'était qu'une industrie d'un magnifique rendement, qui ne chômait jamais. Jusqu'à la mort de Jean Bratiano (1928), il avait été le premier lieutenant du grand ministre, qui, à la manière des satrapes, ne souffrait pas auprès de lui de personnalités vigoureuses, susceptibles de lui porter ombrage. Duca était le type de ces bons exécutants dont il aimait s'entourer.

Comme il l'avait annoncé, dès qu'il fut au pouvoir, son premier soin fut d'aviser aux moyens d'en finir avec la Garde de Fer. On a beaucoup raconté qu'il fut renforcé dans son dessein par M. Titulesco, ministre des Affaires étrangères, dont les sympathies allemandes de Codréano contrariaient la politique d'amitié avec la France et d'accord avec les Soviets. Six anciens ministres roumains l'ont même publiquement déclaré dans une lettre qu'ils ont signée ensemble. M. Titulesco s'en est toujours défendu et prétend au contraire avoir fait tous ses efforts pour persuader Duca de se tenir tranquille. « On ne dissout pas, lui aurait-il dit, un parti comme celui-là : il se reformera toujours, vous ne ferez que des martyrs. Procédez à des élections nouvelles, et ne laissez passer que les gens les plus médiocres du parti de Codréano. Vous n'aurez que l'embarras du choix. On les verra à l'œuvre, et ils se détruiront par leur propre sottise. »

D'autres conseillaient à Duca d'imiter les méthodes de la Garde de Fer et d'organiser des manifestations du genre de celles qui réussissaient si bien aux légionnaires. « Prenez un millier d'étudiants, habillez-les à la roumaine, mettez-les à cheval, et envoyez-les faire des tournées dans les villages au clair de lune... »

On assure aussi que le Roi voulut prendre sur lui l'initiative de dissoudre la Garde, mais que Duca s'y opposa, disant que ce n'était pas l'affaire du Souverain, et que la responsabilité d'une mesure si grave ne relevait que de lui et de son gouvernement.

Quoi qu'il en soit de tous ces bruits, M. Duca faisait si peu mystère de ce qu'il préparait, qu'un de ses vieux amis, personnage des plus importants parmi les légionnaires, le général Cantacuzène, l'avertit charitablement que si la Garde était dissoute, il serait assassiné. Duca ne s'émut pas, et le 11 décembre 1933, paraissait à l'*Officiel* le décret de dissolution. À Bucarest et en province, les légionnaires sont arrêtés en masse, les sièges de leurs organisations fermés, leurs archives saisies. Interdiction de toute manifestation dans la rue, cortèges, réunions, etc. Défense de porter uniformes, insignes et décorations légionnaires, et annulation des bulletins de vote préparés par la Garde pour les élections générales qui devaient avoir lieu la semaine suivante. On n'osa pourtant pas toucher au Capitaine.

Que se passa-t-il alors dans le conseil secret de la Garde ? Quel fut le rôle de Codréano ? Donna-t-il l'ordre précis d'assassiner Duca, ou ses hommes n'en avaient-ils pas besoin ?... Le 30 décembre, le Prédisent du Conseil se rendit à Sinaïa conférer avec le Roi, qui passait les fêtes de Noël dans sa résidence des Carpathes. Le 30 au soir, après son entrevue, Duca revint prendre le train. Au moment où il franchissait la porte de la salle d'attente et arrivait sur le quai, un jeune homme se jette sur lui et le prend au collet en criant : « Halte-là ! » Dans sa surprise, le ministre ne fit aucun geste de défense. Sortant alors un revolver de sa poche, l'agresseur tire un premier coup, qui atteint Duca sous l'œil gauche. Celui-ci fait volte-face, mais aussitôt trois autres balles le frappent à la nuque. Il tombe mortellement blessé.

L'assassin essaya de fuir, mais un agent l'arrêta. Deux complices, qui l'attendaient dans la cour de la gare, pour protéger sa retraite ou intervenir à leur tour, réussirent à s'échapper. On les rattrapa peu après, l'un dans un village des environs, et l'autre dans un train qui se dirigeait vers Bucarest.

Une foule de légionnaires furent arrêtés et passés à tabac. La police rechercha le Capitaine : elle ne put ou ne voulut pas le découvrir.

Les libéraux firent à leur chef de pompeuses funérailles. De tous les villages roumains arrivèrent des délégations, et le corps fut porté par les ministres eux-mêmes. Mais la figure du disparu n'était pas de celles qui entraînent les imaginations. Pour imposante qu'elle fût, la cérémonie resta froide. Le Roi n'y parut pas : il était grippé, ce jour-là.

Pour remplacer Duca, il choisit M. Tataresco, autre chef du parti libéral et collaborateur de feu Jean Bratiano. Comme Tataresco passait pour énergique, tout le monde pensa que son premier soin allait être de venger son prédécesseur et de profiter de l'émotion qu'avait jetée dans le pays le meurtre de Duca, pour rendre à jamais inoffensive la Garde de Fer et son chef. À la surprise générale il n'en fit rien, par politique ou par crainte.

Deux jours seulement avant l'ouverture du procès, Codréano sortit de sa retraite pour se constituer prisonnier. Devant la Cour martiale (l'état de siège avait été proclamé) il donna sa parole qu'il ignorait tout de l'affaire ; et de leur côté les meurtriers, fidèles au serment qu'on prêtait en entrant dans la Garde de ne jamais rien révéler des secrets du parti, jurèrent qu'ils étaient seuls responsables du crime. Ils se contentèrent de déclarer qu'ils faisaient partie d'une équipe de cinq membres qui avait préparé diverses manifestations, auxquelles ils avaient renoncé en apprenant que la Garde allait être dissoute. Ils avaient alors tiré au sort lequel d'entre eux tuerait le président du Conseil ; et suivant la méthode des Comitadjis macédoniens, deux autres, également désignés par le sort, lui avaient été adjoints pour le suppléer s'il était nécessaire.

M. Vaïda-Voïvod comparut au procès pour s'expliquer sur ses relations avec Codréano. Il reconnut que celui-ci était venu le voir quelquefois ; qu'il lui avait fourni jadis des subsides pour son foyer de Iassy ; qu'il avait discuté avec lui le programme de la Garde ; qu'il avait proposé des modifications à certains de ses manifestes, qu'il en avait déchiré d'autres, et que dans tout cela il n'avait eu d'autre souci que d'écarter une jeunesse ardente des voies de la violence, et la faire renoncer à un antisémitisme stérile pour orienter toutes ses forces contre le communisme.

Après lui, M. Maniu, le général Averesco, M. Argetoïano, bref tous les chefs des partis qui venaient d'être battus par le parti libéral, vinrent déclarer tour à tour qu'ils considéraient la dissolution de la Garde comme une mesure aussi maladroite qu'illégale. Pauvre M. Duca ! Il payait cher son triomphe aux élections. On aurait dit en vérité qu'on ne jugeait pas ses assassins, mais qu'on faisait son propre procès et celui de son parti.

Le commissaire royal lui-même prononça un réquisitoire qui surprit par sa modération. Il se contenta de réclamer la condamnation des assassins, laissant au tribunal le soin d'apprécier le degré de culpabilité des chefs de la Garde (pour lesquels il admettait les circonstances atténuantes), et l'acquittement pur et simple de quarante-huit autres inculpés. Après un réquisitoire si bénin, il ne restait aux avocats qu'à renoncer à leurs plaidoiries. Les trois assassins furent condamnés aux travaux forcés à vie. Dans le prétoire, les légionnaires acquittés se jetaient dans les bras les uns des autres et se félicitaient mutuellement. Devant le Palais de justice, la foule rassemblée sur la place leur fit une longue ovation. Au Parlement, le verdict produisit un tel effet qu'on fut unanime à penser qu'avec Duca le parti libéral venait d'être frappé à mort lui aussi, et que M. Tataresco allait être obligé de donner sa démission.

LE MEURTRE DE DUCA

À quelques jours de là, le colonel Procop, qui avait reçu, on s'en souvient, sur le champ d'aviation de Cluj, le prince Carol rentrant d'exil, et plusieurs autres officiers furent arrêtés pour complot contre le Roi. Ils auraient eu l'intention de l'enlever pendant qu'il se rendait à la Patriarchie pour le service de Pâques, et d'établir une dictature militaire. On leur fit, à eux aussi, leur procès. Ils nièrent tous les projets qu'on leur avait prêtés, jurant qu'ils n'avaient eu d'autre dessein que d'enlever une personne de l'entourage du souverain, dont ils jugeaient l'influence néfaste. Ils furent tous condamnés à la dégradation et à dix ans de forteresse. Ce jugement parut sévère, et le public ne manqua pas de faire la comparaison avec la mansuétude que venaient de montrer les juges de la cour martiale à l'égard des complices du meurtre de Duca.

XII

AU CARREFOUR DES CHEMINS

L'ACQUITTEMENT de Codréano et des chefs de la Garde n'avait pas amené la chute du ministère libéral, comme on avait pu le croire un moment. M. Tataresco restait président du Conseil, et ce ministère auquel personne n'accordait plus de trois mois de vie devait se prolonger quatre années — ce qui est un record en Roumanie, et dans tout pays parlementaire.

Les disputes politiques avaient recommencé avec leur aigreur habituelle. Le frère de l'ancien président des libéraux, devenu, à la mort de Duca, président du parti, M. Constantin Bratiano, outré de n'avoir pas été choisi comme chef du gouvernement, venait de fonder un parti dissident, et reprochait au Roi de n'avoir pris que des doublures pour faire toutes ses volontés ; M. Maniu récriminait contre l'état de siège et se plaignait que les règles constitutionnelles fussent de moins en moins respectées ; M. Vaïda-Voïvod, pris de fureur antisémite, réclamait le *numerus clausus* dans les universités, et comme les nationaux-paysans ne voulaient pas en entendre parler, il fondait, à son tour, un parti dissident. Bref, il y avait à ce moment plus de trente partis en Roumanie.

Dissoute pour la troisième fois, la Garde de Fer ne s'en portait pas plus mal. Elle avait ressuscité sous une appellation nouvelle et sous un chef nouveau. Elle s'appelait maintenant *Tout pour le pays*, et son chef (officiellement du moins) était le général

Cantacuzène, ce vieux camarade de Duca, qui l'avait si charitablement prévenu que, s'il commettait la folie de toucher à la Garde, il serait assassiné. En réalité, le vrai chef de *Tout pour le pays* était toujours Codréano, ainsi que le prouve ce billet écrit par lui au Général, en novembre 1934 : « Mon général, je vous prie de créer un nouveau parti, afin que tous ceux qui croient en une Roumanie nouvelle puissent agir politiquement sous une forme légale. Moi, je m'en tiens à ma vieille position, aujourd'hui illégale, de la Garde de Fer, attendu que j'estime qu'elle a été illégitimement dissoute. » Beaucoup des ordres de la nouvelle ligue étaient écrits et signés par Codréano lui-même. Tous se terminaient par ces mots : « Vive la légion et le Capitaine ! » En tête de la liste d'honneur étaient inscrits les noms des trois assassins de Duca, et dans les réunions légionnaires on chantait l'hymne des *Nicadors*, des Vengeurs, composé à leur gloire :

> *Nous sommes partis trois dans la même pensée,*
> *Liés par le même serment*
> *De venger nos camarades et de sauver le pays.*
> *L'Archange Michel nous a aidés,*
> *Punissons les coupables !*

Comme le laissait prévoir la mollesse avec laquelle il avait conduit le procès de Duca, M. Tataresco montrait envers *Tout pour le pays* autant de complaisance que naguère M. Vaïda-Voïvod envers la Garde de Fer. Accusé tous les jours avec violence par les nationaux-paysans d'exercer une dictature déguisée, le président du Conseil trouvait commode d'utiliser contre ses adversaires un parti jeune et ardent, qui ne détestait rien tant que l'esprit démocratique auquel M. Maniu était si attaché. Et maintenant, c'était au tour des nationaux-paysans d'exiger des libéraux qu'ils prissent contre le Capitaine et sa bande les sanctions que, la veille encore, ils reprochaient à Duca d'avoir prises.

En même temps que la Garde de Fer, Duca avait dissous les associations hitlériennes qui s'étaient multipliées en Transylvanie, en Bukovine et dans le Banat de Temesvar, parmi les douze cent mille Allemands qui vivent dans ces provinces à l'état sporadique. Elles non plus ne s'en portaient pas plus mal. Dans les écoles et les églises, instituteurs, pasteurs exaltaient à qui mieux mieux l'Allemagne des Nazis, et l'*Office berlinois du germanisme à l'étranger* dépensait des sommes énormes pour appuyer ce mouvement. Sport, conférences, cinéma, rien n'était négligé. La presse moins que tout le reste. Plus de cinquante journaux ou revues, dont beaucoup luxueusement édités, répandaient la bonne parole autoritaire et raciste, et faisaient miroiter aux yeux de l'opinion roumaine les avantages de toutes sortes d'un rapprochement avec le IIIe Reich.

Un grand congrès du parti *Le peuple allemand de Roumanie*, qui se tint en Transylvanie, marqua cette renaissance de l'activité germanique. À cette occasion, des équipes de propagandistes étaient venues de Munich et de Berlin pour échauffer l'enthousiasme, et des bataillons d'assaut, à l'instar des hitlériens, défilèrent dans la ville avec uniformes, fanfares et le drapeau du parti : une croix noire sur fond bleu, et les couleurs roumaines dans un coin, presque invisibles.

À Bucarest même, il y avait un club nazi. Un journal, *Le Messager de l'Allemagne orientale*, dont le titre dit assez le programme, y faisait une telle propagande que le préfet de police perquisitionna dans ses bureaux. Le directeur, un Allemand, se fit tuer plutôt que de livrer ses archives.

À côté de ces groupes composés de Germains 100 pour 100, d'autres, purement Roumains ceux-là, comme les *Jeunesses chrétiennes* de MM. Goga et Cuza, ne restaient pas insensibles à l'attrait de l'Allemagne. Naturellement, ni Goga ni Cuza n'entendaient livrer leur pays à l'étranger, mais ils auraient voulu le faire qu'ils ne s'y seraient pas pris autrement. Très habilement, la propagande hitlérienne exploitait leur haine des Juifs pour leur faire oublier les duretés de l'occupation allemande pendant la guerre, et les menaces d'une Hongrie qui ne pensait qu'à ressaisir, avec l'aide de l'Allemagne, les territoires qu'elle avait dû céder. Chaque année, M. Goga avait pris l'habitude d'aller rendre visite à Mussolini et à Hitler. Il en revenait chaque fois plus éperdu d'admiration pour le génie de l'un et de l'autre, et tout particulièrement pour l'esprit réaliste et la pondération du Führer. « Depuis l'écrasement du marxisme à Berlin, disait-il au retour de l'un de ces voyages, M. Hitler est l'homme prédestiné, le produit logique du principe de l'unité allemande et l'aboutissement d'un chemin séculaire. » Il affirmait que le Führer n'avait aucunement l'intention de soutenir les Hongrois dans leur désir de réviser les frontières de la Roumanie, mais qu'à Berlin on n'avait pas perdu le souvenir des relations amicales d'avant-guerre, et qu'on n'y avait renoncé moins que jamais à une coopération économique, que la situation géographique de la Roumanie et les richesses de son sol rendaient si naturelle.

Sur ce point, Codréano ne pensait pas autrement que Goga. Il allait même beaucoup plus loin, ainsi que le prouve un mémoire du 5 novembre 1936, dans lequel il disait : « Nous proclamons solennellement que nous tirerons nos revolvers sur ceux qui nous auront conduits là (une guerre avec l'Allemagne) ; et comme nous ne pouvons pas déserter, nous nous suiciderons pour ne pas commettre un acte déshonorant. » Et il disait à qui voulait l'entendre que s'il prenait jamais le pouvoir, il ne se passerait pas vingt-quatre heures qu'il ne renversât les alliances.

Le gouvernement, lui aussi, s'orientait vers l'Allemagne. La Pologne qui, tout en ne cessant de proclamer sa fidélité au traité franco-polonais, s'entendait avec Berlin au mieux de ses intérêts immédiats, lui montrait le chemin. L'Angleterre, qui venait de signer un accord naval avec l'Allemagne, l'y engageait aussi en donnant à penser que ses liens avec la France se relâchaient de plus en plus. Et la France elle-même, avec le scandale Stawisky, la journée du 6 Février, ses divisions intérieures et ses relations soviétiques, décourageait à plaisir ses alliés.

Pour la défendre, il n'y avait au ministère que M. Titulesco, ministre des Affaires étrangères. Mais M. Titulesco n'était jamais à Bucarest, et beaucoup d'intrigues s'y tramaient à son insu. Les choses en vinrent au point qu'il donna sa démission. Il la reprit d'ailleurs aussitôt, le Roi l'ayant assuré que rien n'était changé aux bons rapports franco-roumains. Ce qui n'était peut-être pas tout à fait la vérité, puisque, l'année suivante, le ministère ayant dû se retirer sous les attaques des nationaux-paysans, qui lui reprochaient sa politique germanophile et ses compromissions avec les extrémistes de droite, il se reforma exactement comme il était avant, à cette différence près que M. Titulesco cessait d'en faire partie.

Décidément, au carrefour des chemins, la Roumanie semblait choisir le chemin de l'Allemagne.

XIII

LES DEUX RIVAUX

LE MEURTRE de Duca n'avait eu d'autre effet que d'augmenter le prestige du Capitaine, en donnant l'impression que personne ne pouvait rien contre lui. Sous le regard bienveillant de M. Tataresco, il continuait en toute tranquillité de multiplier ses foyers et ses nids dans les villes, la plaine et la forêt roumaines.

Tout n'allait pourtant pas au mieux à l'intérieur du parti. Le péril venait du dedans, de ces haines à mort qui éclatent souvent, dans ces associations terroristes, entre chefs qui semblaient, la veille encore, indestructiblement unis par la violence et le secret. Ce fut ce qui se produisit entre Codréano et Michel Stelesco.

Pendant longtemps Stelesco avait été, avec Motza, le premier lieutenant du Capitaine. C'était lui qui avait fondu son association des *Frères de Croix* avec les légions de l'Archange pour former la Garde de Fer ; lui qui devait conduire avec le Capitaine la fameuse marche interdite à travers la Bessarabie ; lui qui avait fait à pied trois cents kilomètres dans la bourrasque de neige pour soutenir le père de Cornélius dans sa lutte électorale ; lui enfin qui avait été son confident le plus intime, au point qu'il pouvait lui écrire des phrases comme celles-ci : « Je crois que toute la souffrance ensemble vaut dix tombes (l'unité de mesure étant la tombe), et la quantité de notre sacrifice, nécessaire à la victoire, évaluée à environ deux cents tombes. » Ce qui ne saurait avoir qu'un sens : pour supprimer dix adversaires, il faut sacrifier deux cents vies.

La brouille commença quand ils furent au Parlement. Parmi les députés légionnaires, Stelesco était le seul qui possédât quelque talent oratoire et une certaine habileté parlementaire. Il parlait, intervenait, avait des reparties heureuses. Et cela irritait Codréano, ainsi qu'on le devine par ce mot de son père : « Si tu t'agites tellement, dit-il un jour à Stelesco, c'est que tu veux la place de mon fils ! »

En toute occasion, Stelesco se montrait un second peu commode. Il voulait des explications, demandait des comptes au Capitaine et prenait des initiatives qui n'étaient pas toujours de son goût. C'est ainsi que, pour bien montrer qu'il n'avait pas perdu le souvenir de la guerre contre l'Allemagne et qu'il était Roumain avant tout, il alla déposer avec un groupe de légionnaires une couronne sur la tombe du Soldat inconnu. Ce jour-là, pour marquer sa désapprobation, Codréano quitta Bucarest.

À quelque temps de là, dans les conciliabules qui précédèrent le meurtre de Duca, Stelesco aurait reçu la mission de faire sauter le train qui ramenait à Bucarest le cadavre du ministre et tous les personnages officiels. C'est là du moins ce que raconte un ancien légionnaire qui devait faire partie de l'équipe. Stelesco refusa et offrit même sa démission de membre de la Garde. « Non, répondit Codréano, que dirait-on dans le parti ? »

Le Capitaine l'avait-il désigné pour cette mission périlleuse avec la secrète intention de s'en débarrasser ? Ce qui inclinerait à le faire croire, c'est que, l'année suivante, il le chargea de diriger une autre manifestation qu'il devait à tout prix mener à bien, et qui, elle non plus, ne devait pas être de tout repos, car il prit soin d'ajouter que, si les choses tournaient mal, la Garde s'occuperait de sa femme et de ses enfants... Il s'agissait, en l'occurrence, d'une réunion publique à Ramnicu-Valcéa, où le gouvernement venait de poser une plaque en souvenir du malheureux Duca.

Cette fois Stelesco obéit. Une centaine de légionnaires se rendirent avec lui à Valcéa. La réunion ayant été interdite, ils allèrent profaner la plaque qu'ils regardaient comme injurieuse pour la Garde de Fer. Le même soir, l'évêque de la ville leur ouvrait l'évêché pour leur permettre de tenir leur assemblée ; mais à la sortie, la police arrêta les manifestants. Quarante d'entre eux furent condamnés à un an et demi de prison, et vingt-deux autres à six mois. Naturellement Stelesco était parmi les plus frappés.

En prison, il put réfléchir à loisir sur la façon dont le Capitaine s'était conduit envers lui, et le résultat de ses pensées fut cette note qu'il consigna sur son carnet.

Testament. 12 octobre 1935.

Si je suis assassiné, vous saurez que c'est Cornélius Codréano qui en a donné l'ordre. Malgré l'héroïsme des camarades de Jilava (il désignait ainsi les trois meurtriers de Duca enfermés dans cette prison des environs de Bucarest, et qui avaient tout pris sur eux plutôt que de charger leur chef), c'est bien lui cependant qui a donné l'ordre d'assassiner Duca. Cet ordre, je l'ai lu de mes yeux.

Les légionnaires doivent se donner un autre chef, car l'actuel est un infatué et un farceur.

Publiez ce que j'écris là, ainsi que mon livre sur la Garde[1]. *Je meurs ayant la conscience tranquille, car j'ai été loyal.*

Michel Stelesco.

Au même moment, des gens de Codréano ayant appris que quelques légionnaires dévoués à Stelesco avaient comploté d'assassiner le Capitaine au cours d'un déjeuner chez l'un d'eux organisèrent, la veille du guet-apens, une expédition préventive. Ils envahirent l'appartement, mais n'y trouvèrent personne, et fouillèrent en vain tous les meubles avec l'espoir d'y découvrir des documents sur le complot. Cette affaire n'eut pas d'autre suite, mais elle prouvait l'inimitié des deux hommes et que c'était à qui se débarrasserait de l'autre le premier.

---

[1] Le livre n'existe qu'en manuscrit : il n'a jamais été publié.

Dès qu'il fut sorti de prison, Stelesco engagea ouvertement la lutte. Rassemblant autour de lui tous ceux qui, dans la Garde, pour une raison ou une autre, se détachaient de Codréano, il fonda un nouveau parti qui répudiait l'alliance avec l'Allemagne, la propagande hitlérienne, les théories racistes et toute dictature du type Staline. « Notre croisade, écrivait-il, se fonde sur les paysans et les intellectuels. Après l'assassinat de Duca, nous avons cherché une nouvelle orientation sociale et spirituelle, pour changer, par des méthodes qui ne devront rien à l'étranger, la situation misérable de la Roumanie. Nous rejetons les doctrines fascistes, hitlériennes et communistes, mais nous ne voulons pas davantage de la démocratie périmée. Je me refuse à enfermer notre mouvement dans les limites d'un programme. L'Histoire nous jugera sur ce que nous aurons fait. »

Pour rappeler ses anciens *Frères de Croix*, il avait donné à son parti le nom de *Croisade roumaine*, et sous le même titre il avait fondé un journal, où quotidiennement il révélait au public les crimes, dont selon lui s'était chargé le Capitaine. De son côté Codréano, pour contrebattre la *Croisade*, faisait paraître une autre feuille et une série d'articles intitulés *Les Traîtres*, qu'il rédigeait lui-même, mais qu'il ne signait pas.

Le dernier article que Stelesco publia dans la *Croisade* fut cette lettre ouverte :

« Je ne vous écris cette lettre, monsieur Codréano, ni comme un dissident, ni comme un homme qui a à régler un malentendu avec vous. Je vous écris au nom d'une jeunesse qui vous a cru plus grand que vous n'étiez, et que vous avez abusée. Je vous écris comme un homme qui, pendant dix années, a cru à vos paroles mensongères, et n'avait pas compris que s'attacher à votre char de sang, c'était glorifier un criminel. Je suis resté à vos côtés aussi longtemps que vous avez réussi à donner le change sur la faiblesse de votre âme. Mais quand je vous ai vu de près, j'ai été saisi d'épouvante, et aujourd'hui me voilà revenu à mes pensées d'autrefois, que vous avez salies un moment.

« Ceux qui restent encore avec vous vous croient sincère parce qu'ils ont l'âme pure. Mais combien en est-il qui sont intérieurement détruits par la désillusion que leur a apportée celui qui fut longtemps leur idole ! C'est mon cas. Quand vous vous êtes éloigné de Cuza, vous avez chanté partout que vous vous en sépariez pour des questions de principe. La réalité était autre. Vous ne pouviez lui pardonner de ne pas avoir été élu député à Putna, aux premières élections auxquelles participa la ligue. La jalousie et votre folle ambition, tel est le secret de votre séparation d'avec lui, et non pas les mensonges que vous nous débitiez.

« Dans votre *Guide du Chef de Nid*, qui n'est d'ailleurs qu'une copie servile du *Guide du légionnaire*, rédigé non par vous mais par un de mes amis, vous mettez sur le même plan, dans la haine qu'ils vous inspirent, cuzistes et communistes. Arrêtons-nous un peu à ce guide, car il en vaut la peine. Tout le livre, sauf ce que vous avez plagié, est écrit pour établir que le chef, c'est-à-dire vous, ne saurait commettre une faute. Vous avez infiltré dans l'âme de la jeunesse qui vous suivait des idées du genre de celles-ci : « Les légionnaires doivent marcher unis, même sur un mauvais chemin. » Ah ! l'admirable maxime, et que vous avez bien su utiliser pour vos intérêts !

« La première section de la Garde a été organisée par moi, qui ne vous connaissais pas encore. Les autres l'ont été par d'autres, qui ne vous connaissaient pas davantage. Mais à la suite du procès Manciu, votre nom était devenu populaire, et une formidable réclame s'était faite autour de vous. Comme les femmes portent les bas de soie d'une marque à la mode, tous voulaient vous avoir pour chef. Et toujours et toujours, la même réclame autour de vous ! Votre mariage a été filmé, vous baptisiez des enfants par centaines. La réclame, voilà le secret de votre prodigieuse ascension. Et nous autres, en vous voyant monté sur un cheval blanc ou noir, tenant une croix à la main, nous croyions voir se réaliser sous nos yeux les contes romantiques qu'on nous faisait dans notre enfance. Mais ce rêve a passé comme tous les rêves, et la réalité nous apparaît maintenant.

« C'est Vaïda qui a composé pour vous le premier manifeste de la Garde de Fer. Et c'est le même Vaïda qui vous fournissait de l'argent pour faire les diversions utiles à son parti. Lui-même il en a fait l'aveu lors du procès Duca. Vos légionnaires voyageaient avec des billets gratuits fournis par le ministère de l'Intérieur. Et pourtant, au même moment, vous vous éleviez contre ceux qui gaspillaient l'argent de l'État, et nous étions assez naïfs pour avoir confiance en vous ! C'est ainsi que vous nous entraîniez à lutter contre les gendarmes, et que sous prétexte de nous donner du cœur, vous nous encouragiez à boire. Vous nous avez pourris. Quelques-uns se sont sauvés à temps. Les autres, je les plains : ils ne sont pas coupables. Par cette lettre, la jeunesse apprendra ce qui se cachait sous la chemise nationale, que vous mettiez alors aux grands jours, ou sous le veston que vous portez aujourd'hui.

« C'est au monastère d'Agapia que nous avons reçu au cœur le premier coup qui nous ébranla dans la foi en votre vertu. Dans quel état dégradant vous êtes vous montré ! Les religieuses du monastère étaient là pour votre plaisir, et, disiez-vous, pour celui des mousquetaires. Que ne vous ai-je quitté alors ! Mais nous étions tous étourdis par vos histoires de mousquetaires et l'espérance de la victoire pour demain. Triste mentalité que la vôtre ! Les livres que vous nous recommandiez, c'était justement Dumas père et autres bouquins de même sorte. N'était-il pas naturel que la jeunesse se mît à l'école de ces tristes héros ?

« Même histoire pour le travail constructif. Quand vous avez voulu bâtir votre fameuse digue, vous saviez parfaitement bien que c'était une entreprise illicite. Vous n'avez pourtant pas hésité à envoyer là-bas des centaines de jeunes légionnaires pour les faire massacrer par la police, tandis que vous étiez paisiblement à la gare de Buzeu. Dès que vous fûtes informé que la bataille avait commencé, vous vous êtes enfui à Bucarest, terrible Capitaine !

« Plus je vous ai suivi avec attention, mieux j'ai appris à vous connaître. Souvenez-vous. Quand j'ai déposé une croix sur la tombe du Soldat inconnu, ç'a été contre votre volonté, et vous vous êtes sauvé ce jour-là à Iassy. Partout les légionnaires se sont battus pour vous, et vous, vous arriviez ensuite pour recevoir les ovations ou assister à leur procès... ou à leur enterrement. À Teius, nos camarades tombaient comme des mouches, à Milsalazi également ; moi, je passai à travers la mitraille, et vous, vous vous teniez à l'abri dans une maison. Même chose à Rechitza et partout. Où est votre courage, Capitaine ? Si vous étiez le prédestiné que vous prétendez être, vous ne devriez pas craindre la mort ! Il n'y a que les lâches pour s'enfuir.

« Je sais que vous allez me parler de votre courage en 1925, lors de l'affaire Manciu. Ce n'est pas le moment de discuter cette affaire : elle a été jugée. Tout ce qu'on peut dire, c'est qu'à cette occasion vous avez moins obéi au courage qu'à une haine personnelle.

« Si vous étiez un si grand homme, que ne vous êtes-vous affirmé par votre éloquence à la Chambre ? Qui vous a entendu ? C'est moi qui parlais toujours. Et c'est pour cela que vous m'avez pris en horreur. Rappelez-vous ce que votre père disait que si je parlais toujours, c'est que je voulais prendre votre place. Je vous ai alors offert ma démission, vous ne l'avez pas acceptée sous le prétexte que ce serait jeter le trouble dans le parti.

« Dès ce moment, par tous les moyens vous avez cherché à vous débarrasser de moi. C'est que je n'étais plus le partisan aveugle, enthousiaste d'autrefois. À tout instant, je vous demandais des éclaircissements. Je ne les ai jamais reçus de vous, mais toujours indirectement. Vous n'étiez entouré que d'hommes louches et d'arrivistes, comme ce Virgile Ionesco, qui n'a pas une goutte de sang roumain dans les veines. Il est devenu votre bras droit ; vous l'avez fait chef de la Dobroudja ; et comme récompense il vous a apporté les fonds de Malaxa et autres banquiers. Vous recevez l'argent de toutes mains, et même de nos parlementaires qui vous font une rente de cent mille lei par mois, dont vous retenez quatre-vingt mille pour vous et votre famille. Inutile de citer des noms. Mais pourquoi ne dirais-je pas qu'un de vos aides de camp lui-même s'indignait de la façon dont vous utilisiez cet argent pour des choses mesquines ou basses.

« Voilà bien l'homme qui a poussé la jeunesse roumaine à l'abîme.

« Après le meurtre de Duca, quand nous autres, nous étions enfermés à Jilava et autres prisons, vous vous cachiez chez une femme. Chez une femme ennemie de votre action. Comment vous êtes-vous si bien entendu avec elle ? Qu'avez-vous inventé pour excuser cela ? Il y a un proverbe qui dit : « On ne doit pas être chez l'ennemi quand les camarades souffrent dehors. » Et le procès Duca ? Vous avez osé dire catégoriquement : « Non, je n'y suis pour rien ! » Vous n'avez su qu'inventer pour écarter un avenir évidemment peu réjouissant. Vous m'accusez d'être un traître. Mais au procès Duca, qui l'était de nous deux ? Qui de nous deux avait le sentiment de la camaraderie ? Vous n'êtes qu'un pauvre chef, et vous essayez pourtant de conduire ce pays. Mais la Roumanie n'est pas un pays d'insensés. Vous vous êtes découvert. Voyons maintenant en plein ce que vous êtes. Depuis longtemps, je voulais le crier à tout le monde, mais vous trouviez toujours le moyen de m'adresser quelqu'un pour me faire taire. Enfin, j'ai commencé à parler et à crier tout haut qu'il fallait changer vos méthodes, ou que nous vous quitterions. Vous avez alors senti que beaucoup de nos camarades voyaient clair maintenant et qu'ils étaient sur le point de vous lâcher. Usant de votre vieux système de taxer de calomnie toute vérité qui vous gêne, et de traiter de vendu quiconque vous attaque, vous avez multiplié les manœuvres contre moi. En vain. Et c'est alors que, sur votre ordre, le général Cantacuzène m'a envoyé à Ramnicu-Valcéa. Le général savait fort bien ce qu'il faisait. J'ai été arrêté et condamné à cause de vous à un an et demi de prison. Pendant que j'étais emprisonné, vous avez tramé des perfidies et m'avez accusé de complot contre votre vie. Mes accusations, disiez-vous, n'avaient d'autre objet que votre perte. Mais, pour la première fois de votre vie, vous avez mal calculé votre coup. Le fil blanc se voyait de loin. Vous n'êtes pas parvenu à soulever la haine des légionnaires contre moi, ce qui était évidemment votre but. Vos instructions n'avaient d'autre objet que de suggérer aux gens de me tuer. En même temps, pour donner le change sur vos projets meurtriers, vous envoyiez un de vos amis chez moi sous le prétexte de nous réconcilier tous les deux. Que venait-il chercher chez moi, si j'étais ce que vous dites ? Je lui ai répondu, à cet homme qui jouait au plus fin que je ne demandais qu'à me réconcilier avec vous si vous consentiez à brûler ce que vous aimez aujourd'hui et à aimer ce que vous avez brûlé.

« Maintenant que vous vous êtes rendu compte que vos essais de réconciliation ont échoué, vous êtes décidé à me tuer, je le sais. Tous ceux qui assistent à vos réunions me le disent. Deux ou trois lettres signées par quelques-uns de vos intimes me l'assurent. Personne ne l'ignore : on connaît votre mentalité. Voilà pourquoi je vous écris. Voulez-vous me supprimer physiquement ? Je n'ai pas peur du plomb. Mais sachez que j'ai, moi, des balles qui vous tueront moralement. Je ne les ai pas toutes tirées. Entre vous et moi, je sais, la lutte est inégale. Elle est belle. Elle est belle, parce que c'est la lutte de la lumière et des ténèbres. Si vous avez le courage de me tuer, venez seul et ne risquez pas, en me faisant exécuter par d'autres, d'envoyer des camarades en prison à votre place. »

Je ne plaide pas pour Codréano, mais il me semble que son ancien ami s'est aperçu bien tard qu'il n'était qu'un misérable. Elles ne dataient pas d'hier ses relations avec Vaïda-Voïvod, et Stelesco ne pouvait les ignorer. Lui-même n'avait-il pas voyagé, comme les camarades, avec des billets de chemin de fer fournis par le gouvernement ?... Au moment des coups durs, n'était-il pas allé boire, lui aussi, au cabaret ? N'avait-il pas, à l'occasion, fait le mousquetaire au couvent ? Et si Codréano n'avait empoisonné la jeunesse qu'avec les romans de Dumas père, le mal n'aurait pas été grand... Pour ce qui est de son courage, j'estime qu'il en a donné des preuves suffisantes ; mais un chef n'est pas toujours obligé de payer de sa personne, au risque de décapiter le parti qu'il conduit... Qu'il ait touché de l'argent de l'Allemagne, c'est possible et même probable. En tout cas, il ne paraît pas en avoir rien gardé pour lui ; et tout ce que son agitation lui a rapporté de plus clair, c'est la phtisie contractée en prison... Attribuer à la réclame son prodigieux succès est une vue bien courte, car toute la réclame du monde n'aurait servi de rien si la nature ne l'avait pas doué d'un mystérieux prestige et d'une sorte de génie pour frapper les imaginations... Reste l'accusation d'avoir donné l'ordre écrit d'assassiner Duca. C'est bien peu vraisemblable de la part d'un conspirateur-né et qui avait tellement le sens du secret... Au reste, qu'il ait donné cet ordre verbalement ou par écrit, ou qu'il n'ait que suggéré l'idée du meurtre, la différence n'est pas grande...

Malgré la pauvreté de l'argumentation, cette longue lettre passionnée mit le comble à l'exaspération que les partisans du Capitaine éprouvaient contre Stelesco. Et comme pour Duca, le même problème se pose : Codréano donna-t-il l'ordre de faire disparaître son ancien ami, ou n'eut-il pas besoin de le donner ?... Le certain, c'est que la mort de Stelesco fut décidée dans un conseil de légionnaires, et que celui-ci en fut averti, car il annonça dans son journal qu'il allait être assassiné : il donna même le nom des assassins.

Là-dessus il entra à l'hôpital pour se faire opérer de l'appendicite. Quelques jours après l'opération, huit jeunes gens, se disant ses amis, demandèrent à le voir. Le concierge les laissa passer. Ils traversent la cour, prennent une hache sous un hangar et se dirigent vers la chambre où le malade était couché. Dès qu'ils en ont franchi le seuil : « Traître ! lui crient-ils, tu vas mourir ! » Et sans plus de paroles, ils déchargent sur lui leurs revolvers, le transpercent de balles (l'autopsie en releva trente-huit) et l'achèvent à la hache. Le coup fait, ils s'embrassent, se mettent à danser, puis quittant l'hôpital vont se constituer prisonniers au commissariat le plus proche. C'étaient eux dont

Stelesco avait donné les noms huit jours plus tôt, dans son journal. Ils furent tous condamnés aux travaux forcés à vie. Codréano ne fut pas inquiété.

Un mois plus tard, le secrétaire général de la Croisade, l'ingénieur Stoïnesco, qu'un conseil légionnaire avait condamné lui aussi, fut assailli en pleine rue à Galatz et laissé pour mort sur le carreau. Ses agresseurs furent arrêtés, mais remis tout de suite en liberté.

À quel motif obéissait le gouvernement Tataresco en montrant une telle indulgence pour Codréano et ses gens ? Était-il terrorisé par eux ? Ou plutôt les ménageait-il pour les utiliser contre ses adversaires nationaux-paysans ?

Rassuré du côté libéral, Codréano dirigeait en effet tous ses coups contre M. Maniu et ses amis. À Târgu-Murès, la Garde, dans un de ses congrès, venait de condamner à mort les principaux chefs du parti. À Linau, cinq légionnaires, étudiants de dix-sept à vingt-cinq ans, appartenant à l'équipe chargée d'exécuter les sentences prononcées par le conseil de la Garde, se présentaient au domicile de M. Virgile Madgearu, secrétaire général des nationaux-paysans, pour l'informer qu'il serait supprimé dans les vingt-quatre heures, ainsi que le docteur Lupu, vice-président du parti, si l'on touchait à un cheveu de Cornélius Codréano. M. Madgearu était absent. Ce fut sa femme qu'ils chargèrent de faire la commission.

Outrés de pareils procédés, les députés nationaux-paysans redoublèrent leurs attaques contre un gouvernement dont la faiblesse à l'égard du Capitaine semblait de la complicité. Tataresco et ses collègues offrirent leur démission au Roi. Mais celui-ci tenait à ses ministres. Il les conserva tous, à l'exception de M. Titulesco, qui fut débarqué sans façon, comme j'ai déjà dit. Quant au ministre de l'Intérieur, responsable des désordres impunis, il perdit bien son portefeuille, mais pour devenir vice-président du Conseil. Et pour la quatrième fois, le gouvernement prononça sans ironie la dissolution de toutes les organisations paramilitaires, quelles qu'elles fussent.

« Parfait ! répliqua Codréano. À une condition, c'est qu'une fois pour toutes on s'abstienne à mon égard de procédés auxquels on ne peut répondre que par des gifles ou le revolver. »

XIV

LES DIX MILLE

Cette même année 1936, Hitler réoccupa militairement la Rhénanie ; le Front populaire prit le pouvoir, et sous le ministère Léon Blum, les relations franco-soviétiques se resserrèrent de plus en plus.

Chacun de ces événements semblait donner raison à la Garde de Fer. Si la France n'était pas capable de se protéger elle-même, quelle chance y avait-il qu'elle défendît mieux ses alliés ?... Que ce vieux pays catholique acceptât d'être gouverné par un Juif paraissait un scandale à des gens qui ne peuvent supporter un Juif même dans un barreau de province... Et l'accord avec les Soviets, renforcé par le Front populaire, ne rassurait pas non plus ces Roumains, qui portent dans leur sang la méfiance du Russe, sous quelque aspect qu'il se présente.

On se rendit compte du progrès que les idées du Capitaine avaient fait dans les esprits, lors d'une manifestation qui se produisit à Bucarest dans la première quinzaine de février 1937.

Quelques mois auparavant, Codréano avait pensé faire un geste digne de la Garde, en envoyant onze légionnaires en Espagne pour remettre une épée d'honneur au général Moscardo, défenseur de l'Alcazar de Tolède. Afin de donner du prestige à la délégation, il avait mis à sa tête son beau-frère et principal lieutenant, Motza, ce fils de pope, qui avait, comme on s'en souvient, abattu d'un coup de revolver le camarade soupçonné de les avoir trahis.

Après qu'ils eurent remis leur épée au Général, les onze légionnaires, jugeant qu'il était assez plat de revenir chez eux sans avoir rien fait d'éclatant, s'engagèrent dans le Tercio. Mais s'ils s'étaient imaginé que la guerre d'Espagne était une affaire où l'on pouvait recueillir de la gloire à bon compte, ils s'aperçurent bientôt qu'ils s'étaient trompés du tout au tout. Pendant un mois et demi, ils combattirent devant Madrid. Deux d'entre eux, Motza et Marine, furent tués dans la tranchée, et deux autres blessés. Les survivants trouvèrent que c'en était assez, et ils demandèrent à Franco de les délier de leur engagement pour escorter en Roumanie les corps de leurs deux camarades. Le Général hésita quelque temps à faire droit à cette requête, mais à force de démarches ils réussirent enfin à partir.

Le 11 février 1937, un train spécial ramenait à Bucarest les corps de Motza et Marine. Entouré de ses légionnaires, le Capitaine se rendit à la gare, et devant les cercueils ils prêtèrent tous serment, par le Christ et par la Légion, d'être prêts eux aussi à mourir pour la renaissance de la patrie. Ensuite eut lieu en grande pompe le service funèbre. À la sortie de l'église un immense cortège se forma. En tête venaient le Patriarche et quatre cents prêtres et évêques ; suivait le fourgon d'artillerie attelé de six chevaux noirs, où les bières étaient posées. Quatre officiers en manteau blanc, avec la grande croix noire de l'Ordre de Michel le Brave, tenaient les cordons du poêle ; des soldats de la Garde royale aux casques empanachés encadraient le fourgon et la procession interminable qui se déroulait à la suite : hauts fonctionnaires, officiers supérieurs en uniforme, les ministres d'Allemagne et d'Italie, une foule d'étudiants en habit national portant des icônes et des bannières, les délégations de la Garde de Fer venues de tous les points du pays, et à leur tête Codréano, vêtu comme tous les légionnaires d'un long imperméable à la mode hitlérienne. Plus de deux cent mille personnes, le bras tendu dans le salut fasciste, assistaient à ce défilé de plusieurs dizaines de milliers d'hommes, et donnaient l'impression qu'à ce moment toute la Roumanie communiait avec la Garde de Fer.

Ce jour-là, à la Chambre, les députés étaient si peu nombreux que le président se vit forcé de lever la séance. Le lendemain, M. Calinesco, dont la sympathie pour les légionnaires ne s'était pas accrue depuis l'histoire de Buzeu, interpellait le président du Conseil sur la présence à la cérémonie des ministres d'Allemagne et d'Italie. Celui-ci répondit qu'il la considérait comme contraire à tous les usages, et qu'il ferait les représentations nécessaires auprès de leurs gouvernements. Il déclarait en outre qu'il ne permettrait pas que l'ordre fût troublé par des jeunes gens irresponsables, dont l'idéal n'avait rien de commun avec les profondes aspirations du pays, et qu'à l'avenir quiconque frapperait serait frappé à son tour par une main qui, ajoutait-il, n'avait jamais fléchi jusque-là. Paroles qui ne manquèrent pas de soulever l'hilarité sur les bancs de l'Opposition.

À l'Université, le jour de l'enterrement, il n'y avait pas plus d'étudiants que de députés à la Chambre. Depuis longtemps d'ailleurs, uniquement occupés de leurs querelles de partis, les étudiants ne venaient plus aux cours. M. Iorga, qui enseignait l'histoire à l'Université et qui pendant près d'un demi-siècle avait régenté la jeunesse, écrivait dans son journal au lendemain de la manifestation : « Qui a vécu parmi le peuple roumain connaît ses sentiments d'humanité et de douceur, et ne peut que condamner la propagande de l'antichrétienté, le paganisme allemand et cette croix gammée qui jure avec la croix du Christ. » Et il demandait au ministre de l'Instruction publique d'être mis en congé « jusqu'au jour où serait rétablie cette atmosphère de paix et de travail, dans laquelle il avait enseigné si longtemps ».

À Iassy, le recteur de l'Université, membre du parti national-paysan et ancien président du Sénat, pensait comme M. Iorga et ne se gênait pas pour le dire. À quelques jours de là, le 3 mars, on le trouvait poignardé dans la rue. Ordre fut donné aussitôt de cerner le foyer où les étudiants légionnaires s'étaient barricadés. Il fallut leur donner l'assaut. Sur le veston de l'un d'entre eux, on trouva des traces de sang.

À la suite de ce nouveau crime, le gouvernement décida de fermer les universités et de ne les rouvrir que le jour où serait enfin votée la loi sur l'enseignement supérieur interdisant aux étudiants de s'affilier à quelque parti que ce soit.

De l'Université, l'esprit de la Garde de Fer était passé dans les lycées et collèges. Garçons et filles ne juraient plus que par Codréano. Pour eux aussi le Capitaine avait créé un groupement avec serment et loi d'honneur : les *Fratii*, les Frères de Sang, dont le nom rappelait l'usage balkanique de se lier à la vie, à la mort, comme des frères, en échangeant quelques gouttes de sang. Le T du milieu, allongé et barré en forme de croix, prenait aux yeux des adhérents une signification symbolique.

Le clergé lui-même, qui s'était d'ailleurs toujours montré favorable à la Garde, s'enthousiasmait pour elle au point que le Patriarche dut interdire à ses prêtres de se mêler aux manifestations et de transformer les églises en champs de bataille politique.

Encouragé par ces succès, Codréano perfectionnait l'organisation de la ligue. Le jour du fameux enterrement, s'était formé un corps de volontaires tout spécialement chargés de protéger sa personne lorsqu'il passerait devant les ateliers de chemin de fer occupés par des communistes. Il transforma cette petite troupe en un corps d'élite de dix mille hommes, qu'il appela le corps Motza-Marine. Pour y entrer, il fallait avoir trente ans, être vaillant et sain au physique comme au moral, et s'entraîner à un destin héroïque, qui s'exprimait par ce serment : « Nous n'avons d'autre idéal que celui de nous voir accorder par Dieu le bonheur de mourir déchiquetés et torturés pour l'étincelle de vérité que nous savons porter en nous-mêmes, et pour la défense de laquelle nous partons en croisade contre les puissances des ténèbres. À la vie, à la mort, je suis prêt à mourir. Je le jure. »

À côté de ce groupe de choc, s'en était constitué un autre, d'un caractère tout différent, mais dont l'aide était non moins efficace par les secours de toute nature (influence, information, argent) qu'il pouvait apporter à la Garde, *les Amis des Légionnaires*. C'étaient tous les sympathisants au programme de Codréano, qui pour une raison ou une autre tenaient à garder l'anonymat. Les membres s'ignoraient entre eux et ne figuraient sur les listes du Parti que par des numéros d'ordre.

Qu'était devenue à cette heure la promesse du Capitaine de mettre bas les armes, et celle du gouvernement de frapper d'un bras inflexible quiconque transgresserait les lois ?... Rien n'arrêtait plus un mouvement qui semblait avoir pris une nouvelle vie dans le sang des deux légionnaires tués au service de Franco, et que favorisait singulièrement tout ce qui se passait en Europe. Depuis l'avènement du Front populaire et l'occupation de la Rhénanie, la position de la France ne s'était pas améliorée ; les Yougoslaves se rapprochaient de l'Italie et de l'Allemagne ; le gouvernement polonais cachait de moins en moins ses sentiments germanophiles.

Des députés, francophiles jadis, se déclaraient ouvertement pour une orientation nouvelle de la politique roumaine ; et M. Vaïda-Voïvod, lui-même ancien ami de la France, exprimait leur sentiment, le jour où il déclarait à la Chambre que le gouvernement manquait de courage en hésitant à suivre une politique indépendante, à l'exemple de la Pologne et de la Yougoslavie.

Les élections générales approchaient. Depuis quatre ans, rien n'avait pu ébranler le ministère Tataresco, replâtré plusieurs fois, mais solidement appuyé sur l'état de siège et la volonté royale. Pour la première fois depuis quatre ans, les électeurs allaient se prononcer sur la question de savoir si la Roumanie devait ou non persévérer dans la politique d'entente avec la France et l'Angleterre qu'elle avait suivie jusque-là ; si l'état de siège devait être levé, et si on reviendrait enfin à la pratique régulière de la Constitution.

Mais les électeurs pourraient-ils se prononcer librement ? Il n'y a pas d'exemple en Roumanie que le gouvernement n'ait pas réussi, comme on dit, les élections. Il dispose de tant de moyens : la gendarmerie, la police, les places, les faveurs, l'argent, le tripatouillage des urnes, sans parler du respect que les paysans roumains, dressés à l'obéissance depuis des siècles par des maîtres étrangers, éprouvent pour le pouvoir établi ; et surtout il a pour lui cette loi électorale dont j'ai déjà expliqué le mécanisme, et qui réserve un avantage écrasant au parti qui a obtenu 40 pour 100 des suffrages.

Pour obtenir ce chiffre fatidique et le droit à la prime, M. Tataresco et le gouvernement libéral n'hésitèrent pas à former un étrange cartel, où l'on voyait voisiner, par exemple, les sociaux-démocrates de M. Iorga, plus ou moins fidèle à la France, et le Front national de M. Vaïda-Voïvod, qui, lui, voulait rompre avec elle. Les partis d'opposition firent une alliance encore plus surprenante : M. Maniu et ses nationaux-paysans s'allièrent aux Gardes de Fer, contre lesquels ils menaient depuis des mois une lutte où le sang coulait tous les jours. Mais M. Maniu comptait sur eux et sur leur promptitude à sortir leur revolver de leur poche, pour assurer la liberté et la sincérité du vote. De son côté, Codréano se serait allié au diable (et certainement M. Maniu était pour lui le diable) pour empêcher le parti libéral de l'emporter aux élections — non pas, comme on a pu voir, qu'il ait eu beaucoup à s'en plaindre (sans aucun doute M. Maniu se serait montré à son endroit moins indulgent que M. Tataresco), mais l'état de siège faisait peser sur lui la menace insupportable d'être envoyé, non plus devant les assises ou les tribunaux ordinaires qui l'avaient toujours acquitté, mais devant un Conseil de guerre docile à la volonté royale. En outre, si comme il y comptait bien, grâce à une vigilance armée devant les urnes, aucun des partis n'obtenait le fameux 40 pour 100, chacun d'eux recevrait un nombre de sièges exactement proportionnel à ses voix, et le nouveau gouvernement, libéral ou national-paysan, serait alors bien obligé de s'appuyer sur lui pour avoir une majorité. À la faveur de l'anarchie parlementaire, il pouvait alors espérer établir, comme Hitler en Allemagne, la dictature de son parti.

XV

OÙ L'AUTEUR ARRIVE À BUCAREST

À CE MOMENT, je partis pour Bucarest. J'y étais venu pour la première fois, une dizaine d'années avant la guerre, et j'en gardais le souvenir d'une grande ville provinciale, aux rues étroites et mal pavées, bordées de maisons sans étage et d'un jaune serin, comme on en voit partout en Europe orientale. Ici et là, au milieu de jardins, d'agréables villas, du style néoclassique si à la mode à Munich et à Vienne, il y a quelque cinquante ans. Beaucoup d'églises et de chapelles blanches, d'une charmante modestie, s'harmonisaient parfaitement avec tout ce qui les entourait.

Aujourd'hui tout était changé. D'immenses quartiers neufs couvraient ce qui n'était autrefois que campagne et jardins ; des immeubles de huit et neuf étages faisaient figure de gratte-ciel au milieu de ce qui restait des petites maisons basses ; à la place des ruelles étroites, de larges avenues ; et les exquises vieilles petites églises, qui dominaient naguère de leurs croix et de leurs dômes le menu peuple des demeures villageoises, semblaient avoir rapetissé dans ces tas de briques amoncelées.

Qu'était devenue la rivière qui coule au pied de la pente insensible sur laquelle la ville est bâtie ? Couverte d'une voûte en ciment, elle s'était transformée en étincelant boulevard où allaient et venaient les tramways entre des pelouses gazonnées. Seul, le ghetto restait intact. Dans la longue rue Vacaresti (interminable comme la vie d'Israël), au milieu de boutiques où les mêmes défroques, le même bric-à-brac, les mêmes marchandises attendaient les mêmes clients, je retrouvai les mêmes visages, le même grouillement qu'autrefois, les mêmes impasses profondes où viennent échouer des épaves que la vie semble avoir rejetées pour toujours, et qu'elle vient reprendre ici, comme si elle ne pouvait se résigner à se séparer à jamais des choses qu'elle a faites siennes un moment.

Mais au sortir du vieux ghetto où rien n'était nouveau pour moi, j'en découvrais un autre flambant neuf, où tous les rêves de grandeur, qui avaient mûri lentement dans la Vacaresti, s'étaient réalisés en brillants magasins remplis des nouveautés de Londres et de Paris, en banques, cinémas, pâtisseries, cafés, buildings, en cette rue de la Victoire enfin, si animée à l'heure du Corso. Là se trouvent l'Université et le Palais-Royal, mais à part l'Université qui est franchement antisémite, et le Palais du roi dont on ne connaît guère l'opinion, tout y est dans la main d'Israël, immeubles et trafics — en sorte qu'un long fleuve de juiverie traverse la ville de part en part, depuis le fond de la Vacaresti jusqu'au dernier immeuble de la rue de la Victoire... de la victoire des Juifs, dit-on ici avec mélancolie.

Ma première visite, comme on pense, fut pour le Capitaine. Au début de cette chronique, j'ai déjà dit l'impression qu'il me fit dans son poste de la Maison Verte, au milieu de jeunes légionnaires qui maniaient la brique et le mortier dans le jardin boueux ; sa beauté apollinienne, à laquelle ajoutait encore une ombre de phtisie, et l'étrangeté de la pièce que peuplaient les Archanges. Ses premiers mots furent pour me rappeler son séjour à Grenoble, et qu'il avait eu là-bas l'occasion d'admirer les solides vertus du paysan français. Il parlait lentement, cherchant un peu ses mots, mais avec précision et clarté, sans recherche d'effet oratoire. Je l'écoutais, un peu surpris d'entendre cet éloge dans la bouche d'un homme à qui son admiration pour Hitler faisait si facilement oublier que, sans la victoire des Alliés, il n'y aurait pas de grande Roumanie, que les Hongrois seraient toujours à Cluj, les Autrichiens à Czernauti, et les Russes à Kichinau.

— Oui, j'aime la France, poursuivait-il, mais je n'ai jamais confondu la France et son gouvernement de Juifs et de maçons. Nous aussi, nous sommes menés par les francs-maçons et les Juifs ; nous sommes pourris par les partis que les Juifs multiplient à l'envi et qu'ils entretiennent tous parce qu'il est plus facile de corrompre des groupes minuscules que de grands partis organisés... Notre paysan s'imagine que son député fait la loi, mais ce sont les Juifs qui la font... Il est temps de prendre contre eux les mesures nécessaires... Je ne suis pas un homme de violence (je le regardai, étonné), mais je me défends si l'on m'étouffe ! (À ce moment, ses yeux bleus me parurent changer de couleur, et je revis en pensée Manciu étendu à ses pieds dans la salle de la Justice de paix, Duca sur le quai de la gare, Stelesco dans son lit d'hôpital.) Les représailles que nous pourrons exercer seront bien peu de chose à côté de ce qu'ils ont fait pendant la révolution bolchévique. En sept mois, les Juifs des Soviets ont massacré plus de Chrétiens que les Chrétiens de Juifs pendant deux millénaires. Vous voyez qu'il nous reste de la marge...

Tandis que nous causions, un bruit de voix s'était élevé dans la pièce voisine et couvrait presque notre conversation. Sans brusquerie il se leva, traversa la pièce où nous étions, ouvrit la porte vitrée et jeta d'une voix très paisible, froide comme le regard de ses yeux :

— Taisez-vous ! ou je vous sors tous à coups de botte dans le c... !

En revenant s'asseoir, il prit sur la cheminée une photographie poussiéreuse, qu'il essuya d'un revers de sa manche et qu'il plaça sous mes yeux. On y voyait autour d'une table des banquiers juifs et leurs femmes en train de festoyer avec des ministres roumains, tandis que dans l'embrasure d'une porte un domestique apportait un plat.

— Voilà, me dit Codréano, l'image de notre destinée. Ces messieurs juifs sont à table avec leurs ministres vendus. Il n'y a ici de roumain que le domestique qui les sert. Nous voulons changer ça !...

Et là-dessus il se lança dans une petite dissertation philosophico-politique, qui peut se résumer ainsi :

— Ceux qui crient à bas le fascisme, à bas la dictature, ne nous atteignent pas. Fascisme et national-socialisme ne ressemblent pas plus à la dictature qu'à la démocratie. C'est une nouvelle façon de conduire les peuples, une âme politique, un état de lumière intérieure. Ce qui n'est, dans la nation, que désir informe et obscur, arrive à la clarté dans la conscience d'un chef prédestiné. Lorsqu'un peuple enthousiaste approuve, comme en Allemagne, à la majorité de 98 pour 100 les pensées d'un Hitler, il n'y a pas dictature mais harmonie. Le chef n'est plus un maître qui agit suivant son bon plaisir ; il ne fait pas ce qu'il veut, mais ce qu'il doit ; il ne commande pas, il obéit à des voix qui se confondent avec celles, inconscientes, de la foule... Jamais, chez nous, dans la Garde, on n'a pensé autrement. Jamais chez nous un chef n'est élu : il naît du sentiment qu'il possède d'avoir les qualités d'un chef, et du consentement de tous ses camarades à le reconnaître pour tel.

Heil Hitler ! me disais-je en l'écoutant, et je pris congé de lui et des autres Archanges.

Je ne l'ai pas revu depuis, et je ne le reverrai jamais, car la fortune, ainsi qu'on le verra par la suite, ne sourit pas toujours à ceux mêmes qui sentent avec le plus d'intensité l'appel du destin.

XVI

UN CHARMANT PERSONNAGE

SI APRÈS ma visite au chef de la Garde de Fer, j'avais cherché un effet de contraste, je n'aurais pu mieux faire que d'aller voir M. Titulesco.
 Ah ! l'amusant personnage, sympathique et bon enfant ! De tous les hommes d'État roumains, il est certainement le plus connu en France, et pour dire toute la vérité, le seul dont la renommée soit venue jusqu'à nous. À la Société des Nations, où il s'est toujours montré ferme partisan de l'alliance de son pays avec la France et les Soviets, il a joué un rôle de premier plan, et Genève est un théâtre qui met ses vedettes en valeur. Il est vrai qu'avec le déclin de la Société genevoise, l'affaiblissement de la Petite Entente et l'aversion grandissante des Roumains pour tout ce qui vient de la Russie, le personnage de M. Titulesco tend à diminuer de jour en jour. On a vu la désinvolture avec laquelle le gouvernement Tataresco l'avait débarqué du ministère des Affaires étrangères, où il semblait pourtant si solidement installé. Du train dont vont les choses, il ne sera bientôt plus qu'une figure du passé.
 Quand j'arrivai en Roumanie, il venait d'y rentrer lui-même. Ainsi que je l'ai raconté, les Gardes de Fer l'avaient véhémentement accusé d'avoir poussé Duca à dissoudre leur groupement, et le bruit courait que dans leurs conseils secrets ils l'avaient condamné à mort lui aussi. Prudemment, il avait

secoué sur son pays la poussière de ses souliers, et pendant plusieurs années on l'avait vu à Paris, à Londres, à Genève, sur la Côte d'Azur, partout ailleurs qu'à Bucarest.

Il y revenait aujourd'hui pour se présenter aux élections. Et comme c'est un esprit compliqué d'Oriental, il se présentait sur la liste des nationaux-paysans, tout en déclarant qu'il n'appartenait pas audit parti, pas plus qu'à aucun autre. Dans cette combinaison il ne voyait qu'une chose : battre les libéraux qui l'avaient mis à la porte. Il se trouvait ainsi allié par contrecoup à ces Gardes de Fer qui lui font certainement horreur.

J'étais curieux de faire la connaissance de ce manœuvrier, pour lequel toutes les questions se résolvent en votes, en majorités, en minorités, en intrigues de couloir, et qui se trouvait maintenant si dépaysé au milieu d'une Europe influencée par des idées mystiques avec lesquelles il n'a jamais compté.

On m'avait prévenu : M. Titulesco est un fastueux seigneur qui ne se déplace jamais qu'avec un monde d'officieux autour de lui, à la manière des hospodars qui gouvernaient jadis son pays pour le compte du Grand Turc. Je trouvai la belle maison qu'il habite dans l'avenue du Bois de Bucarest, remplie de secrétaires, de dactylos, de clients et d'agents électoraux venus prendre les ordres du patron. À la porte, les policiers qui faisaient les cent pas m'avaient laissé passer sans encombre. Après quelques instants d'attente dans un vaste salon, où j'aurais pu me croire dans une antichambre ministérielle, un secrétaire, j'allais dire un attaché de cabinet, vint m'annoncer que M. Titulesco m'attendait. Et je le répète de nouveau : ah! le charmant personnage!

Ce jour-là, il souffrait d'un mal de gorge. Il était resté tard au lit, et me reçut dans sa chambre à coucher, le cou tout enveloppé de ouate, et revêtu, par-dessus son pyjama, d'un veston d'intérieur en soie molletonnée, bleu d'azur au dehors, d'un beau jaune safran au dedans. Est-ce cette veste de soie, qui rappelait les vestes hivernales des gros marchands chinois et faisait ressortir un étonnant visage, large, gras et sans poils, aux lèvres épaisses, aux yeux un peu bridés et mobiles ? Ma première impression fut que je me trouvais en face d'un Mongol, et que cette chambre à coucher aurait pu être la yourte, la tente de feutre de quelque chef tartare — mais d'un Tartare plein d'esprit, de rondeur et de bonne grâce.

Il était encore sous le coup d'une histoire fort désagréable. Quelques jours auparavant, notre ministre des Affaires étrangères étant passé par Bucarest, le ministre de France en Roumanie avait offert en son honneur un dîner auquel avaient été conviés le Roi et tous les anciens présidents du Conseil — tous, sauf MM. Titulesco et Maniu. Qu'on n'eût pas invité Maniu, Titulesco s'en consolait encore ! Mais qu'on ne l'eût pas invité, lui, le champion de l'alliance française, il en avait été si outré qu'il avait aussitôt envoyé, par l'intermédiaire de la Légation des Soviets, un télégramme à Paris, pour se plaindre de cette incorrection, et d'une façon qui ne rappelait en rien l'exquise courtoisie des Mongols ! Mais que pouvait en cette affaire le pauvre ministre de France ? C'était le Roi lui-même qui avait refusé qu'on l'invitât à la même table que lui.

Lorsqu'il m'eut dit à ce sujet tout ce qu'il avait sur le cœur (et il en avait long !) mon interlocuteur revint à des questions d'un intérêt plus général. En bref, il m'expliqua comment l'Allemagne et l'Italie jouaient avec la France et l'Angleterre une partie de poker où celles-ci se laissaient abuser par le bluff de leurs adversaires. Mais cette idée banale, il la nuançait de clins d'œil d'une malignité chinoise, de gestes de ses longues mains grasses qui semblaient dessiner dans l'air les lignes cabalistiques d'une politique mystérieuse, livrée à des forces démoniaques ; il la truffait, si j'ose dire, d'allusions continuelles à des choses que j'étais censé connaître comme lui, et que j'ignorais absolument. « Tout cela, bien entendu, cher ami (il disait « cher ami », emporté par les habitudes parlementaires, car je le voyais pour la première fois), tout cela entre nous, bien entendu ! » Et j'eus d'autant moins de scrupule à lui répondre à mon tour : « Bien entendu, cher ami, » que la plupart de ses subtilités m'avaient complètement échappé.

Il s'informa ensuite de ce qui m'amenait à Bucarest. Je lui répondis que c'était une sorte de passion malheureuse pour la question d'Israël. À ces mots, d'un geste effrayé il porta la main à sa tête, comme s'il ne voulait pas en entendre davantage.

— Ah ! mon ami, s'écria-t-il, cette question-là nous empoisonne ! Où diable voulez-vous que nos antisémites se débarrassent de nos Juifs ? Ils n'ont pas l'intention, je pense, de les jeter tous à la mer ou de les envoyer chez vous ! Je ne comprends rien, je vous l'avoue, à cette fureur antijuive. Je vis, moi, entouré de Juifs... et je n'ai qu'à m'en féliciter. Ils sont serviables, intelligents et actifs. Ceux que j'ai employés se sont toujours montrés pour moi d'une fidélité à toute épreuve, tandis que les Chrétiens, cher ami, ah ! les Chrétiens...

Ici M. Titulesco s'arrêta pour lever les yeux au ciel et pousser un profond soupir, où l'on sentait que, sur ce point aussi, il en avait lourd sur le cœur. Et puis il continua :

— Je vous le dis en toute sincérité : ne me croyez pas philosémite. J'abhorre les grands Juifs, les financiers, les tripoteurs, mais je n'ai que de la pitié pour les Juifs de ghetto, dont nos petites villes sont peuplées, et qui vivent dans une misère indicible. C'est pourtant contre ceux-là que s'acharnent nos antisémites. Les autres échapperont toujours... Pour moi, je ne puis pas admettre une politique fondée sur la haine. Je ne puis pas comprendre M. Cuza, chef et inspirateur de l'antisémitisme roumain, qui aura passé toute sa vie dans cette unique pensée et ce seul sentiment : l'exécration des Juifs. Un mot de ce même Cuza, que je vais vous raconter, me blesse dans ce qu'il y a en moi de plus profondément humain. Un jour, dans les couloirs de la Chambre, le fils de M. Cuza venait de frapper au visage un député juif, M. Goldstein. Quelques instants plus tard, je rencontrai Cuza lui-même. Il se caressait doucement la joue. « Je caresse, me dit-il, la place où mon fils a frappé. » Comprenez-vous cela ?...

XVII

OÙ L'ON RETROUVE LE PROFESSEUR CUZA

En commençant ce récit, j'ai déjà dit quelques mots de la visite que je fis, à Iassy, au professeur Cuza ; ce qu'il m'avait raconté sur la façon dont il avait reçu pour la première fois les parents de Codréano ; leur mariage dans sa bibliothèque et le baptême de l'enfant ; comment le maître et le disciple s'étaient éloignés l'un de l'autre, et le mot péremptoire du vieil homme : « Codréano n'en parlons plus. Une chose nous sépare à jamais : l'assassinat ! » Et en effet, qu'y avait-il de commun entre ce vieil intellectuel, ironique et passionné, et le jeune haïdoucq, surgissant de la forêt, le revolver à la main ?...

Laissant donc là le Capitaine, il en revint à la question qui l'intéressait plus que tout : la lente conquête de sa ville par des envahisseurs étrangers.

— J'ai quatre-vingts ans, me dit-il. Est-ce les avoir mal employés que de m'être appliqué, pendant tout ce temps-là, à tirer de l'inertie cet antisémitisme profond que tout Roumain porte en lui, et qui n'est à vrai dire que la réaction naturelle d'un organisme menacé ? Que dirait, je vous le demande, un Français de Tours ou d'Orléans, s'il voyait sa ville natale submergée par des gens qui n'auraient ni sa langue, ni sa religion, ni son sang, ni son esprit ? Tel est pourtant, monsieur, mon destin. Depuis que je suis né, j'ai sous les yeux le triste spectacle d'une ville assaillie par les Juifs, quartier par quartier, maison par maison, rue par rue. Si vous voulez vous rendre compte de la façon dont ils opèrent, allez un peu vous promener sur les routes qui mènent ici. Toutes sont bordées de bicoques pressées les unes contre les autres, ou isolées par des cours et des hangars qui servent d'entrepôts aux marchandises. À mesure qu'on s'éloigne dans la campagne, les sinistres gourbis se décollent, s'isolent de plus en plus, et finalement se perdent sur la route comme des sentinelles chargées de surveiller l'horizon... Et ce sont bien en effet des sentinelles qui guettent l'arrivée du paysan. Entre ces murs de boue séchée, couverts d'un toit de tôle, le paysan est sûr de trouver les menus objets nécessaires à sa vie, épicerie, quincaillerie, mercerie, et naturellement l'alcool. Il est sûr d'y trouver aussi un acheteur pour ses denrées. Quand toute la journée il aura traîné dans les faubourgs, offrant aux revendeurs juifs sa volaille, ses légumes ou son bois, et que lesdits marchands l'auront renvoyé de l'un à l'autre en lui offrant des sommes dérisoires, il sera trop heureux, le soir venu, de s'arrêter au bord de la route pour se débarrasser à vil prix de ses denrées et oublier dans un verre d'eau-de-vie la déception de son mauvais marché. Cette masure dans la boue, la neige ou la poussière, c'est la tente de nos envahisseurs. Celle des Mongols, qui ravagèrent tant de fois le pays, avait une autre allure ! Mais les Huns et les Tartares étaient moins dangereux pour nous que l'individu singulier niché dans ce torchis. Le Mongol passait, ravageait tout et s'en allait. Le Juif, lui, s'incruste et demeure. Celui qui habite aujourd'hui ce taudis sera demain remplacé par un autre tout pareil. La place demeurera toujours chaude, le gourbi remplira toujours sa fonction, qui est de vivre sur nos gens à la manière de cet insecte qui en jette un autre sur le dos, le paralyse tout en lui laissant la vie et se nourrit de lui jusqu'à ce qu'il meure. Dès qu'il a quatre sous, le tenancier cède à un autre le tonneau et les pauvres choses qui constituent son fonds, pour continuer sa route plus loin, oh, pas très loin ! jusqu'à la ville basse. Là, il s'arrange avec un coreligionnaire qui lui passe à son tour son trafic ; et peu à peu, d'un commerce à un autre, il grimpe jusqu'à la ville haute, celle des bourgeois et des boyards... Boutiques, banques, cinémas, cabarets, aujourd'hui tout est à eux. Ils sont déjà plus de soixante mille sur cent vingt mille habitants ; et si les choses continuent de ce train, dans moins de cinquante ans l'ancienne capitale des Moldaves ne sera plus qu'une ville hébraïque. Nos églises mêmes sont menacées. Il y a ici un vieux sanctuaire dédié à saint Nicolas, qu'entoure un vaste enclos. Les Juifs n'avaient-ils pas eu l'idée d'y construire des boutiques ! Indifférente ou achetée, l'administration laissait faire. Il fallut une révolte d'étudiants pour les chasser de là... Et la charmante église de Saint-Pantéléïmon ! Je ne vous en dis pas davantage. Allez la voir, monsieur, vous serez édifié !...

En quittant le vieil antisémite, je m'y fis conduire en taxi.

Tanguant et cahotant à travers des ruelles en pente, fangeuses et mal pavées, au milieu de boutiques où des vêtements accrochés au dehors, et saupoudrés de neige, se balançaient à la bise aigre comme des défroques de pendus, j'arrivai devant une allée fermée par une barrière de bois. Au bout, une petite place, et sur la place une petite église avec son dôme en zinc, surmonté de la croix.

Je passai la barrière, et enfonçant jusqu'aux chevilles dans la boue visqueuse et noire, j'arrivai sur la place. Elle était entourée de maisonnettes, qu'à leur encombrement il n'était pas malaisé (on m'en avait, d'ailleurs, averti) de reconnaître pour des maisons juives. Chacune avait son jardinet ; et au bout de chaque jardin, un appentis de bois qui servait de water-closet.

Je compris alors le sourire sarcastique de M. Cuza. Cette église de Saint-Pantéléïmon cernée de tous côtés par ces latrines, c'était pour lui l'image de son pays assiégé par Israël.

XVIII

LE FATIDIQUE 40 %

Jamais élections en Roumanie ne furent moins agitées que celles de décembre 1937, où tout le monde s'attendait à des bagarres.

Ce jour-là, j'étais en voiture sur la route de Braïla, ou plutôt sur je ne sais quoi qui n'a de nom dans aucune langue, une sorte d'Erèbe ou de Styx, dont chaque tour de roue tirait des gerbes de fange. Dans les villages où nous passions, assis ou debout sous les auvents qui donnent tant de grâce à la maison roumaine, les paysans nous regardaient placidement tanguer, déraper, tirer des bordées, comme si c'eût été la chose la plus naturelle du monde ; d'autres, dans leurs charrettes, confortablement installés sur la paille, glissaient au-dessus de la boue avec indifférence ; d'autres allaient à pied, en suivant à la queue leu leu l'étroit sentier relevé et battu par les pas, qui surplombait la chaussée ; bref, l'animation ordinaire de la route roumaine un dimanche, car dès que les travaux des champs ne le retiennent plus au logis, le paysan valaque n'aime rien tant que sortir de chez lui pour se jeter sur les chemins. Ce dimanche-là, les élections n'avaient fait qu'exciter un peu plus son instinct vagabond.

Je n'appris que le lendemain les résultats du vote. La garde qu'avaient montée ensemble, autour des urnes, légionnaires et nationaux-paysans avait été efficace : le gouvernement était battu — c'est-à-dire qu'il n'atteignait pas ce 40 pour 100 des suffrages qui lui aurait valu une majorité écrasante. Il n'obtenait que 38,6 pour 100. Venaient ensuite les nationaux-paysans avec 19,40 ; les Gardes de Fer avec 16,09 ; le parti Goga-Cuza avec 9,70, etc., etc.

Le roi Carol fut très déçu. Il n'avait pas caché que toutes ses sympathies allaient aux libéraux, et leur échec était le sien. Qu'allait-il faire en l'occurrence ? Dissoudre la nouvelle Chambre avant même qu'elle fût réunie n'était pas une solution, car selon toute vraisemblance des élections nouvelles seraient encore plus désastreuses. Établir une dictature ? Il semble qu'il y ait songé un moment. Le bruit courut qu'il avait fait venir le général Antonesco, ministre des Affaires étrangères, et qu'il lui aurait demandé de constituer un cabinet avec des hommes choisis en dehors du Parlement. « Oui, aurait dit Antonesco, mais à deux conditions : qu'il n'y ait que des militaires avec moi, et que je sois autorisé à arrêter le jour même Codréano et M. Maniu. » Le roi renonça à ce projet.

Faire appel aux nationaux-paysans, férus de parlementarisme et qui lui reprochaient tous les jours sa vie privée, il ne le voulait pas davantage. Quant à s'entendre avec Codréano, cet ambitieux mystique et sanguinaire, qui de toute évidence ne pensait qu'à prendre sa place, il y songeait moins encore.

Restait le parti national-chrétien de MM. Goga et Cuza. Antisémites notoires et plus que tièdes à l'égard de la France, eux non plus n'avaient rien pour le séduire. Ce fut cependant eux qu'il choisit — ce qui étonna tout le monde, à commencer par Goga et Cuza. Les hypothèses allaient leur train. Les uns pensèrent que, puisqu'il se trouvait dans la nécessité de prendre ses ministres parmi les partis d'opposition, il avait bonnement choisi celui dont les chefs lui étaient le moins antipathiques ; d'autres, qu'en remettant le pouvoir à un groupement politique aussi faible, il avait voulu montrer son dédain des partis ; d'autres, qu'il espérait immuniser la Roumanie contre l'esprit de violence de la Garde de Fer par un vaccin national-chrétien ; d'autres enfin, les plus perspicaces peut-être, qu'il préparait déjà l'avènement de son pouvoir personnel en laissant faire à ce poète et à ce professeur la politique d'Ubu Roi.

XIX

LA POLITIQUE D'UBU ROI

Il y a quelque trente ans de cela, j'aurais pu rencontrer M. Octavien Goga à Budapest, où j'étais alors lecteur à l'Université. Il menait en ce temps, dans la capitale hongroise, une double vie d'homme de lettres et de politicien, ou plutôt ces deux activités se confondaient en une seule : ses vers, sa prose, ses poèmes et ses discours n'avaient qu'un même objet, la défense de ses compatriotes roumains de Transylvanie, dominés depuis mille ans par les Magyars. À diverses reprises, sa hardiesse juvénile lui avait fait connaître la prison, mais en Hongrie la prison politique était des plus débonnaires : elle ne servit qu'à tirer de l'ombre le jeune poète irrédentiste.

Quand éclata la guerre, il fut parmi les plus chauds partisans de l'intervention roumaine aux côtés des Alliés. La victoire combla ses vœux en intégrant sa petite patrie transylvaine dans la Grande Roumanie ; et à partir de ce moment, abandonnant la poésie, il suspendit sa lyre aux saules du Danube comme un accessoire superflu, pour se jeter dans la politique. Mais comme il ne pouvait vivre sans passion, l'ardeur qu'il avait dépensée si longtemps contre les Hongrois, il la tourna tout entière contre les Juifs.

Dès qu'il arriva au pouvoir, il fit cette proclamation :

« La Roumanie aux Roumains, voilà le certificat de naissance du nouveau cabinet. Nous croyons à la renaissance de la nation roumaine par l'église chrétienne. Nous croyons que c'est un devoir sacré d'imprimer le sceau de notre domination ethnique dans tous les domaines de la vie politique. »

C'était parler comme Codréano. Et Codréano lui-même n'aurait pas adressé des télégrammes plus chaleureux que les siens à Mussolini et à Hitler. S'il n'eût tenu qu'à lui, le renversement des alliances eût été accompli sur l'heure, comme le souhaitait le Capitaine. Mais prudemment le Roi, pour l'arrêter sur ce chemin, avait pris soin de lui adjoindre, comme ministre des Affaires étrangères, un antisémite bon teint lui aussi, mais vieil ami éprouvé de la France, M. Istrate Micesco, bâtonnier du barreau de Bucarest.

Lorsque j'allai le voir, le nouveau président du Conseil me fit ce petit cours d'histoire :

— Pendant ces vingt dernières années, nous n'avons subi pas moins de quatre invasions juives. La première, en 1915, quand les armées de Broussilof s'avancèrent victorieusement en Galicie et que les Juifs de la Pologne autrichienne s'enfuirent épouvantés devant les chevaux des Cosaques. La seconde, en 1920, lorsqu'après l'échec de Bela Kun à Budapest et la répression qui suivit, ils s'enfuirent devant les soldats de l'amiral Horthy, comme ils s'étaient sauvés pour échapper aux Russes. La troisième, en 1921, lorsque les Polonais s'avancèrent aux portes de Kiev. Enfin, la quatrième, quand Hitler a pris en Allemagne ses mesures antisémites. À quoi il faut encore ajouter l'infiltration lente, quotidienne, par toutes nos frontières. C'est quelque cinq cent mille Juifs qui nous ont ainsi envahis par peur, par désir de profit, par corruption et par fraude, et auxquels on nous a forcés de donner les droits de citoyen. Ce n'est pas raisonnable ! Nous allons réviser les droits civiques de tous ces étrangers.

Mais que va dire, demandai-je, la Société des Nations ?

Ah ! cette Société des Nations ! s'écria M. Goga. Comme naguère les Juifs avaient inventé, pour leur protection spéciale, un Dieu supérieur à tous les autres, ils ont imaginé aujourd'hui une sorte de Super-État, cette Société genevoise, tout exprès pour veiller sur leurs précieuses personnes. Heureusement pour

nous que depuis quelque temps elle ne brandit plus que des foudres mouillées...
— Et que ferez-vous de tous ces Juifs ?
— Il n'existe qu'une solution : les transporter en masse sur un territoire encore libre... quelque part... dans une île d'où ils ne pourraient plus sortir... Des navires de guerre de toutes les nations croiseraient tout autour... à Madagascar, par exemple.
Je regardai M. Goga : il avait repris sa lyre !

M. Goga ne parlait pas en l'air. Sans barguigner, il se mit à la besogne, et par simple décret déclara nulle et non avenue l'acquisition par tous les Juifs, quels qu'ils fussent, de la nationalité roumaine, et l'obligation pour eux de se soumettre à une révision de leur état civil et des droits qu'ils pouvaient avoir. Dans un délai de trente à quarante jours au maximum, ils devaient faire leur déclaration, avec pièces à l'appui. Passé ce temps, ils seraient exclus de la communauté roumaine et traités comme des étrangers.

Aussitôt l'Angleterre, la France et l'Amérique chargèrent leurs ministres à Bucarest de faire une démarche amicale, mais ferme, près du gouvernement roumain, pour lui faire remarquer que le traité de 1919 n'avait créé la Grande Roumanie qu'à condition que les ressortissants du nouvel État seraient tous traités sur le pied d'une égalité complète ; que les Puissances signataires du traité n'avaient aucunement l'intention de se mêler des affaires intérieures du pays, mais que la Roumanie avait pris des engagements qu'elle ne pouvait éluder et que lesdites Puissances devaient faire respecter.

M. Goga s'empressa de répondre qu'il n'avait pas eu un instant l'intention de violer la signature de la Roumanie en refusant aux Juifs les droits qu'on leur avait reconnus, mais que le recensement auquel on avait procédé en 1924 avait été fait à la légère, et que des milliers d'indésirables avaient acquis par fraude une nationalité à laquelle ils n'avaient aucun droit. On s'était alors contenté de déclarations vagues, où les seules affirmations des intéressés faisaient foi, et on avait laissé aux autorités roumaines, qui la plupart du temps en étaient très empêchées, le soin d'établir la preuve que ces déclarations étaient fausses. Aujourd'hui, ce serait à l'intéressé lui-même de prouver la véracité de ses dires. Et pour établir définitivement le droit des uns et la fraude des autres, le plus simple n'était-il pas de procéder à une révision générale ? Cette mesure de pure administration intérieure n'avait rien de contraire au traité. Elle ne pouvait que gêner les fraudeurs. Quant aux autres, qu'avaient-ils à craindre ?

Ainsi raisonnait M. Goga. À quoi les Juifs répondaient qu'il était contraire aux règles du droit public de retirer à toute une catégorie de citoyens des droits que les traités et la Constitution leur avaient solennellement reconnus. De plus, ils faisaient observer que le délai de quelques semaines qui leur était imparti pour rassembler leurs documents était d'une brièveté dérisoire, si l'on songe aux lenteurs de toutes les administrations, et qu'il allait falloir examiner un million de dossiers.

En attendant, tous les Juifs qui occupaient une fonction publique avaient été rayés des cadres de l'administration. Il en allait de même au barreau. Les entreprises ayant des capitaux et du personnel juifs étaient exclues de tous les marchés de l'État, la presse juive supprimée, l'activité des Juifs strictement limitée à certaines professions et à certains négoces.

Au même moment, le bruit courait qu'en plein accord avec le Roi, M. Goga se disposait à faire des élections nouvelles. Les libéraux s'en inquiétaient et s'y montraient peu favorables, car ils redoutaient un échec plus grave encore qu'en décembre dernier, maintenant qu'ils n'avaient plus pour eux le prestige et les moyens du parti au pouvoir. Les nationaux-paysans s'y montraient non moins hostiles, car ils craignaient la victoire d'un ministère qui traitait la Constitution avec plus de désinvolture qu'on n'avait jamais fait, et qui, malgré ses précautions oratoires, inclinait évidemment vers l'Allemagne et l'Italie.

Codréano n'en voulait pas davantage, bien qu'il affirmât, raisonnablement sans doute, que des élections nouvelles doubleraient le nombre des voix de la Garde de Fer. Mais que lui importaient quelques sièges de plus ou de moins ? La Chambre n'était pas son terrain de bataille, mais la Roumanie tout entière. Jamais sa situation n'avait été plus forte. Il venait d'obtenir aux élections deux fois plus de voix qu'il n'avait d'adhérents à son parti. Et quelle preuve meilleure que son programme correspondait aux aspirations du peuple roumain que de voir M. Goga en emprunter ce qu'il pouvait ?... Mais que pouvait M. Goga ? Si le chef de la Garde de Fer approuvait sans réserves ses mesures antisémites, il ajoutait aussitôt qu'en politique extérieure il le trouvait trop timoré, et qu'en politique intérieure une vraie renaissance roumaine ne consistait pas simplement à expulser les Juifs, mais plus profondément, dans une réforme du cœur et des âmes. Or, ce n'était pas le pauvre M. Goga qui pouvait mettre le pays dans cet état de grâce sans lequel cette réforme ne pourrait s'accomplir, ni déchaîner l'enthousiasme qu'exigent les gestes héroïques. Lui seul, pensait-il, en avait le pouvoir. Et cela n'avait rien à faire avec les succès électoraux.

XX

LA COMPLAINTE DES JUIFS

Comme on l'imagine aisément, cette politique de Goga soulevait chez les Juifs des protestations passionnées, qui n'étaient pas sans force, et dont j'ai noté quelques-unes.

« Ni notre nombre, disaient-ils, ni notre situation dans le pays ne justifient les mesures inhumaines que l'on prend contre nous. Une statistique toute récente, publiée par l'Institut démographique de Bucarest, donne en tout et pour tout non pas deux millions de Juifs, comme le prétendent nos adversaires, mais exactement 763 340 Israélites. Il est vrai que les antisémites nient la justesse de ce chiffre et prétendent qu'un très grand nombre de Juifs se sont fait inscrire, lors du recrutement, comme Allemands, Hongrois, Polonais, Russes ou Bulgares... Mais si la chose était vraie il en faudrait conclure que les 60 000 Roumains de bonne race et de bonne foi, qui ont pris part à ce recensement, se sont laissés grossièrement duper ou acheter par l'or d'Israël — ce qui semble tout de même un peu fort !

« Pour ce qui est de cette richesse dont on nous accable toujours, la statistique prouve encore que nous ne sommes pas plus riches, proportionnellement à notre nombre, que les Roumains de race pure ou les minoritaires hongrois, grecs, arméniens ou allemands. Les Allemands même, qui sont à peu de chose près aussi nombreux que nous, sont certainement plus fortunés... On vous montre toujours la rue de la Victoire, ses immeubles, ses magasins et ses banques, et l'on vous dit : "Regardez, tout est juif !" Mais à deux pas de là, quelle misère, quelles ruelles infectes ! Et là aussi pourtant, tout est juif...

« Même quand nous étions encore des citoyens, nous n'avions le droit ni d'acheter la terre ni de la cultiver. Il y a quelques années, une société juive s'était formée, avec l'assentiment du gouvernement, pour organiser des colonies agricoles et créer une paysannerie juive. On cria à la trahison, et qu'après avoir livré les villes aux Juifs, on voulait maintenant leur livrer la campagne ! Aujourd'hui on va plus loin : on nous refuse le droit au travail. Nous ne pouvons être ni avocats, ni médecins, ni professeurs, ni ingénieurs, ni journalistes, pas même ouvriers dans une usine !

« On dit que nous sommes pour ce pays une lèpre, un fléau ; que nous alcoolisons le paysan ; que nous le ruinons, l'abrutissons. Mais, toujours proportionnellement, les cabaretiers juifs ne sont pas plus nombreux que les autres, et leur trafic est de plus en plus concurrencé par les coopératives qui s'organisent un peu partout... D'une façon plus générale, on nous rend responsables de la grande misère des campagnes. Mais voyons les choses de près. Au lendemain de la guerre, on a partagé les grands domaines, mais ce partage a été fait d'une manière inconsidérée. On a donné au paysan un lopin de terre suffisant pour le faire vivre, lui et sa famille, mais on a négligé de lui fournir des semailles, des engrais, des instruments aratoires. Devenu tout à coup propriétaire, il mourait de faim sur un sol qu'il n'avait pas les moyens de travailler. Et de plus, habitué à la culture sur de vastes espaces, il n'avait aucune idée de la culture sur quelques arpents. Aigri par sa misère et tout ce qu'on lui raconte, il rejette sur nous la responsabilité de ses maux, mais par nature il n'est pas antisémite, et en voici la preuve : il y a une trentaine d'années ont éclaté des jacqueries. Qui a-t-on massacré ? Les Juifs ? Non, les boyards...

« On nous reproche aussi (que ne nous reproche-t-on pas !) de n'avoir pas fait la guerre, ou du moins de l'avoir faite à l'arrière, et de nous être enrichis pendant que les Roumains se battaient. Mais le service militaire existait aussi bien pour nous que pour les autres Roumains. Nous nous sommes battus comme eux ; nous avons eu, en proportion, autant de blessés et de morts, autant de citations et de décorations, en tenant compte bien entendu qu'il n'y avait dans l'armée ni officiers ni sous-officiers juifs : des soldats, rien que des soldats, aussi courageux que les autres et plus méritants peut-être, puisqu'ils se battaient pour un pays où ils n'avaient alors aucun droit...

« Autre grief : nous aurions fourni un nombre incalculable d'espions. Mais on devrait en retrouver la trace dans les archives des conseils de guerre. Or, parmi les condamnations pour fait de trahison, on ne relève pas un seul nom juif. Et si, comme on le dit souvent, quand les Allemands sont entrés en Roumanie, il y avait à côté de chaque officier un Juif pour le guider ou lui servir d'interprète, c'était un Juif allemand ou hongrois... J'irai plus loin. De tous les minoritaires que le traité de Versailles a fait entrer dans la communauté roumaine, les Juifs sont certainement les meilleurs patriotes et les plus intéressés à l'être. Un Hongrois devenu Roumain sera toujours attiré par la Hongrie ; un Allemand par l'Allemagne. Les Juifs, eux, n'ont rien à attendre d'une Allemagne qui les traite comme on sait, ni d'une Hongrie qui les a si durement malmenés après la révolution de Bela Kun : leur seul espoir est dans le pays dont ils sont devenus, après la guerre, les citoyens.

« Pourquoi donc nous traiter si mal ? Sur cette belle terre roumaine n'y a-t-il pas place pour tout le monde ? Le chiffre de la population par kilomètre carré est à peine la moitié de celui de la France, et pourtant ce pays est aussi riche que la Beauce ou les plaines de la Picardie, et possède en pétrole et en métaux des ressources à peine entamées. Est-ce trop du travail de tous les Roumains, juifs ou non, pour mettre en valeur ce sol et ce sous-sol admirables ?... Dans la crise économique, dont la Roumanie souffre comme tout le monde, Roumains et Juifs sont solidaires. Les dresser les uns contre les autres, c'est ajouter un mal de plus à ceux dont nous souffrons déjà. Mais hélas ! c'est une vieille histoire : dans les jours de détresse les peuples ont toujours cherché une raison à leur misère, et toujours ils ont trouvé le Juif.

Ce qui s'est passé si souvent se répète aujourd'hui, avec cette aggravation pourtant : comme tous les peuples qui par la faute des circonstances sont restés en arrière des autres et ont du temps à rattraper, les Roumains tournent leurs regards vers les nations plus avancées : et parce que nos antisémites emboîtent le pas à Hitler, ils se croient déjà à la tête de la civilisation et vont lancer la Roumanie dans une politique d'exclusivisme national, dont il ne sortira rien de bon... »

Ainsi parlaient les Juifs. Est-il besoin de dire que tous leurs arguments étaient contrebattus, avec une égale passion, par d'autres faits, d'autres raisons, d'autres chiffres ? Je n'ai pas à prendre parti entre Juifs et Roumains ; mais en écoutant ces derniers, ce qui m'a toujours frappé beaucoup plus que leurs arguments, si intéressants qu'ils fussent, c'est l'aversion unanime qu'ils éprouvaient pour Israël, à quelque classe sociale, à quelque parti qu'ils appartinssent — aversion si décidée, si simple, si naturelle, qu'elle en paraît presque organique. Pas de grands mots, pas de violence. Jamais on n'a vu, par exemple, de pogrom en Roumanie, mais jamais il ne viendrait à l'esprit d'un paysan ou d'une paysanne d'épouser un Juif ou une Juive. Les mariages mixtes, si fréquents dans ce qu'on appelle la société en Angleterre ou en France, sont ici tout à fait inconnus. On n'en cite qu'un cas, qui a paru tellement extravagant que le héros en a été débaptisé du coup et qu'on ne l'appelle plus que « Celui-là ».

Faut-il croire que cette aversion a gagné jusqu'aux animaux ? La petite histoire que voici pourrait le donner à penser.

Mme D*** appartient à cette élite roumaine, de jour en jour plus réduite, qui conserve pour tout ce qui est français une fidélité de l'esprit et du cœur. Fille d'un grand homme politique roumain, et mariée à un diplomate, elle parcourut longtemps l'Europe et l'Amérique, et maintenant elle est venue prendre ses quartiers d'automne dans son pays.

Le petit salon où nous causions était rempli des souvenirs de son existence d'autrefois. À côté de la cheminée, un pan de mur couvert de portraits d'amis appartenant aux nations les plus diverses, faisait penser à ces autels des ancêtres ou les Japonais vénèrent l'esprit de ceux qui ne sont plus. Il y manquait les baguettes rituelles, mais à défaut des baguettes, au-dessous des portraits, un vaste Pleyel envoyait son encens musical à ces ombres, dont beaucoup n'étaient déjà plus qu'un souvenir au cœur de mon hôtesse et une image sur le mur.

Parmi des fleurs et des partitions fatiguées, un gros chat ronronnait sur le piano, musical lui aussi à sa manière, dans cette pièce où le silence semblait fait de musique endormie. Je regardais la bête si tranquillement installée, en pensant à mon chat qui n'aime rien tant, lui aussi, que s'étaler sur ma table de travail, tandis que Mme D*** me disait :

— Ce piano doit probablement posséder des effluves mystérieux, car il attire chez moi tous les musiciens dans la débine, qui cherchent un éditeur pour leurs œuvres ou veulent organiser un concert. Cela me vaut souvent des visites étranges, mais jamais je n'en ai reçu de plus bizarre que l'autre jour... J'étais seule avec mon chat, qui était, comme vous le voyez maintenant, et comme c'est son habitude, allongé sur le piano. On sonne. La bonne va ouvrir et vient m'annoncer qu'un inconnu demandait à me voir. « Lui avez-vous demandé sa carte ? — Oh ! madame, il n'en a pas ! — Alors, dites-lui qu'il m'écrive. »

« Ma domestique n'avait pas tourné le dos, que je vis s'encadrer dans la porte un bonhomme à lunettes, la tête embroussaillée, un vrai Juif du ghetto. Et c'était en effet un Juif de Pologne, qui ayant entendu dire que je m'intéresse à la musique, voulait me faire entendre la sienne.

« Je commençai par me défendre. Mais comment se défendre d'un Juif qui veut obtenir quelque chose ? Je me débattis comme je pus, mais tout fut inutile. Il avait déplié son rouleau, et doucement, irrésistiblement, comme la neige fond, comme l'eau glisse sur un toit, s'était rapproché du piano.

« Moins patient que moi, mon chat avait commencé de faire entendre certain petit ronronnement que je lui connais bien quand il n'est pas satisfait, mais qui m'étonnait pourtant un peu, car bien qu'il ne soit pas grand amateur de musique, à force d'en entendre il a fini par en prendre son parti.

« Cependant, d'approche en approche, mon Juif avait fini par gagner le clavier, s'assit et se mit à jouer, aussi indifférent à mes protestations qu'au ronronnement de mon chat, qui avait pris soudain un caractère de hargne accentué.

« Ce qui sortit alors de mon pauvre piano fut quelque chose d'indicible, une ruée de sons cacophoniques, où je ne distinguais rien d'humain. C'était la confusion de la tour de Babel, et je restais là, anéantie sous ce cataclysme sonore, quand tout à coup mon chat se détendit brusquement sur ses pattes, et d'un bond se jeta à la tête de mon musicien, lui planta ses griffes dans le cou et le saisit à pleine gueule à la nuque.

« Qu'était-il arrivé ? Mon chat, d'ordinaire si paisible, avait-il trouvé que l'inconnu dégageait une odeur qui ne lui plaisait pas ? Ou bien, dans son obscur cerveau, avait-il été fâcheusement impressionné par l'insistance de l'intrus ? Ou bien était-il dégoûté par ce tumulte de sons discordants ? Je me le demande encore. En tout cas, sa fureur réussit là où j'avais échoué. Sentant les griffes dans sa peau, le pauvre Juif avait poussé un cri, et secouant son ennemi d'un mouvement d'épaules aussi violent que le bond du matou, il l'avait envoyé rouler sous le piano, tandis que lui-même, sans demander son reste, ni même emporter sa musique, traversait le salon comme un bolide, bousculant ma bonne stupéfaite, et disparaissait dans la rue... Mon chat sortit alors du coin où il s'était glissé, et peu à peu ses grondements se changeaient en ronrons paisibles, à mesure que s'apaisait l'émotion dont la pièce avait été remplie par tout ce tapage insolite... Je n'oserais pas affirmer qu'il fût devenu antisémite comme M. Cuza, mais il me semble tout de même qu'il y avait bien dans son affaire quelque chose comme cela. Dans sa sagesse de chat, il me donnait une leçon : on ne doit pas tolérer qu'un étranger entre chez vous de force, ni laisser emplir sa maison, fût-ce par un Juif de Pologne, de désordre et de bruit. »

XXI

L'ŒIL DE M. CALINESCO

J'AI OUBLIÉ de dire que, dans le ministère Goga, se trouvait un personnage qu'on était un peu surpris d'y voir, car les idées de M. Goga ne lui étaient pas plus sympathiques que celles de la Garde de Fer : M. Armand Calinesco. C'était lui, on s'en souvient, qui, étant ministre de l'Intérieur de M. Vaïda-Voïvod, au moment de la construction de la digue de Buzeu, avait envoyé les gendarmes contre les légionnaires en dépit des promesses que son président du Conseil avait faites à Codréano. C'est un tour de même espèce qu'il joua à M. Goga, son nouveau président.

Pendant que celui-ci prononçait des discours, échangeait des télégrammes avec Mussolini et Hitler, et promulguait ses décrets contre les Juifs, M. Calinesco examinait avec soin, du bon œil qui lui reste, les renseignements qui lui venaient de tous les points du pays. Puis un beau jour, sa serviette sous le bras, sans prévenir M. Goga, il se présentait chez le Roi et ouvrait son dossier.

Toutes les informations concordaient. Ce n'étaient partout que violences, magasins et boutiques juives pillés. Et comme il arrive toujours, les pillards ne distinguaient plus entre Juifs et Chrétiens. Des désordres agraires se greffaient sur les troubles antisémites, laissant prévoir des jacqueries pareilles à celles qu'on avait déjà vues quelques années avant la guerre. Terrorisés, les Juifs n'osaient plus se montrer. Ils avaient suspendu leurs trafics, et toute la vie économique se trouvait paralysée — ce qui prouve, entre parenthèses, mieux que toute autre chose, la puissance juive en Roumanie. L'impôt ne rentrait plus. Le gouverneur et les membres du Conseil d'administration de la Banque roumaine refusaient d'accorder de nouvelles avances à l'État et menaçaient de démissionner.

Le Roi ne se doutait de rien, ou plutôt, j'imagine, faisait mine de tout ignorer, voulant laisser aller les choses jusqu'au point où la situation apparaîtrait intolérable. Elle l'était déjà pour lui, car les Soviets lui avaient fait savoir récemment qu'ils ne souffriraient pas l'installation sur leur frontière d'un régime fasciste à la mode italienne ou allemande, et la veille encore les Anglais venaient de lui déconseiller un voyage projeté à Londres, qui lui souriait beaucoup, disant que le désordre intérieur en Roumanie (entendez la guerre aux Juifs) avait créé dans le Royaume-Uni une atmosphère défavorable.

Dès que son ministre de l'Intérieur eut quitté son bureau, il appela le président du Conseil. M. Goga se présenta, l'air satisfait comme toujours. Sans plus d'explications, Carol lui signifia son congé.

Le pauvre homme n'en revenait pas d'être traité comme un valet, après avoir fait quelque temps figure de rédempteur. Fini le beau rêve de rendre la Roumanie aux Roumains ! Il eut du moins une consolation. À quelques jours de là les troupes allemandes entraient à Vienne : il s'empressa de se rendre en Autriche pour assister au triomphe de Hitler, et de retour à Bucarest il prononça un grand discours à l'Académie roumaine, où il se félicitait de l'Anschluss et disait entre autres choses : « L'épuration juive accomplie par le Führer à Vienne apparaît comme une mesure de salubrité nationale. Du point de vue roumain, nous ne pouvons regarder cette opération qu'avec sympathie, en regrettant seulement que chez nous elle ne se produise pas aussi rapidement que là-bas. »

Ce fut son chant du cygne, le dernier écho de sa lyre. Peu après il mourait, ayant eu tout le temps de réfléchir sur la versatilité des princes, et aussi qu'il n'est pas sans danger de s'attaquer à Israël.

XXII

LA DICTATURE DU ROI

LA DÉCISION du Roi était prise : il allait gouverner lui-même. Sans doute attendait-il ce moment-là depuis longtemps, et les désordres signalés par son ministre de l'Intérieur lui fournissaient une occasion favorable.

Que prouvaient ces désordres ? Qu'un peuple aussi paisible que le peuple roumain, ami de l'ordre par nature et respectueux du pouvoir établi, pouvait facilement glisser à l'anarchie dès que l'autorité se relâchait. Il n'était que temps d'en finir avec tous ces partis dont les rivalités rendaient le gouvernement impossible, et de se délivrer du cauchemar de la Garde de Fer. En conséquence, il décida que tous les partis seraient dissous et toutes les ligues interdites ; que les Chambres ne seraient pas réunies ; que les élections n'auraient pas lieu (les précédentes n'avaient déjà jeté dans le pays que trop de trouble et d'inquiétude), et qu'un gouvernement formé d'hommes qui lui étaient personnellement dévoués, choisis sans tenir compte des groupements politiques auxquels ils avaient appartenu, serait chargé d'élaborer une Constitution répondant à des besoins et des aspirations qui étaient celles du pays, et les siennes aussi, par une coïncidence merveilleuse.

À la tête de ce ministère, il plaça un personnage dont le choix ne surprit pas moins que n'avait fait, un mois plus tôt, celui de M. Goga : le patriarche de l'Église orthodoxe, Mgr Miron Cristéa.

Ancien sujet hongrois d'origine transylvaine, Mgr Cristéa n'avait montré pendant la Grande Guerre qu'un enthousiasme mitigé pour l'intervention de la Roumanie aux côtés des Alliés. Je ne sais s'il est devenu plus chaud partisan de la France, mais en le désignant le Roi voulait montrer qu'il plaçait son nouveau gouvernement sous le signe de l'amour et de la réconciliation nationales. Puisque d'étranges aspirations morales semblaient agiter tout à coup les électeurs roumains, n'était-il pas habile de leur donner pour guide le chef de l'Église orthodoxe ?

Ce n'est pas que le Roi se fît de ses sujets une idée qui ne fût pas conforme à la réalité. Il savait, comme tout le monde, que le paysan roumain n'est pas mystique. Il l'est même si peu qu'il n'a jamais fourni aucun saint au calendrier, et qu'il a dû emprunter saint Dimitri, son saint national, à ses voisins bulgares. Il n'en est pas moins attaché à ses rites, à ses fêtes, à ses dévotions locales. À son clergé aussi. Tout au long de son histoire, ses popes se sont tenus fermement à ses côtés dans la lutte pour l'indépendance ; ils sont intimement mêlés à la vie du village, car ils ont femme et enfants, et leur influence se prolonge dans les villes universitaires, grâce à la nombreuse population d'étudiants qui se recrute parmi leurs fils... La nomination du Patriarche devait donner satisfaction à cette paysannerie, à ce clergé et à ces jeunes gens restés généralement fidèles à leur foi religieuse, et qui formaient l'élément le plus solide des troupes de Codréano. Enfin, seul le Patriarche, en vertu de ses pouvoirs sacrés, pouvait délier les légionnaires de tous ces serments mystérieux qu'ils avaient prêtés au Capitaine, sous l'aile de l'Archange.

Autour de lui, MM. Iorga, Vaïda-Voïvod, Tataresco, Angelesco, Averesco, Antonesco, etc., formaient, si j'ose dire, une couronne d'anciens présidents du Conseil. Mais dans ce ministère de concentration nationale, comme il s'intitulait, on ne voyait ni nationaux-paysans, ni membres de la Garde de Fer, ni les Jeunesses chrétiennes de MM. Goga et Cuza, pas même de libéraux, car M. Tataresco n'y figurait qu'en qualité d'*homo regius*, d'homme du Roi et d'ancien conseiller de la Couronne. Bien entendu, M. Calinesco gardait le portefeuille de l'Intérieur.

Le premier soin du ministère fut d'étendre à tout le territoire l'état de siège qui jusqu'ici n'existait que dans les grandes villes. Les chefs de corps d'armée de chaque département furent chargés des fonctions préfectorales, la police et la sûreté restant seules sous les ordres du ministère de l'Intérieur, car on pouvait compter sur lui. Le régime de la censure et de la presse était renforcé : interdiction de publier des déclarations d'hommes publics, de donner des informations sur la vie politique en général, ou des reportages sur les agitations intérieures, de commenter les actes du gouvernement, de critiquer personnellement les membres du cabinet, de reproduire des manifestes à caractère politique ou des photographies de politiciens, à l'exception de celles des ministres en exercice, de discuter les institutions fondamentales de l'État, et même, d'annoncer les audiences accordées par le Roi tant qu'elles n'auraient pas fait l'objet d'une communication du Palais. Toute personne ayant constitué des associations politiques, ou faisant de la propagande, ou adhérant à l'un de ces groupements, était passible d'une peine variant d'un à six mois de prison. Les défilés en formation militaire étaient défendus, ainsi que les chants et hymnes d'inspiration politique. Tout fonctionnaire était tenu de déclarer par écrit le parti auquel il avait appartenu, et de s'en retirer sans délai s'il y appartenait encore.

Dans un manifeste à la nation, le gouvernement exposait les grandes lignes de son programme. En politique extérieure, fidélité aux amitiés et aux alliances traditionnelles ; en politique intérieure, persévérance dans l'idée d'une renaissance morale et d'une Roumanie aux Roumains. On continuerait de réviser les droits de citoyenneté ; le délai accordé aux Juifs pour fournir leurs documents serait seulement prolongé de quelques jours et l'on annonçait l'ouverture de négociations avec les États qui avaient un excédent de Juifs pour trouver à ceux-ci une terre de refuge.

Codréano ne souffla mot. Et qu'aurait-il pu dire ? La suppression des parties et de l'activité parlementaire, la lutte contre les Juifs, le Roi ne prenait-il pas à son compte tous les articles de son programme ?

M. Maniu, lui, s'indigna. La situation du pays, déclara-t-il dans la dernière interview qu'il donna, n'était pas d'une gravité à justifier de telles mesures. On avait exagéré à plaisir les désordres pour établir ce gouvernement qui se prétendait national et n'était, en réalité, qu'un gouvernement de dictature, anticonstitutionnel et antidémocratique. Et il trouvait particulièrement douloureux que le Patriarche ait pu mettre sa personne et sa dignité au service d'une pareille entreprise.

Doléances parfaitement superflues. Presque aussitôt après le manifeste, paraissait la Constitution annoncée par le Roi. Elle écartait d'un coup de la vie politique toute cette jeunesse qu'enthousiasmait Codréano, en déclarant que pour être électeur il fallait avoir au moins trente ans. Afin de remédier aux désordres qu'entraînent toujours les élections, la durée du mandat législatif était augmentée de deux années, et les élus ne représentaient plus des partis politiques, mais des intérêts corporatifs, suivant le système mussolinien. Un tiers des sénateurs serait nommé par le Roi, un autre par les électeurs, le dernier par cooptation. Seul, le Roi avait le droit de déclarer la guerre, de conclure la paix, de négocier les traités, de décider des alliances, et il se réservait aussi le privilège de sanctionner ou de rejeter les lois votées par les deux Chambres.

Les électeurs furent alors appelés à se prononcer pour ou contre cette Constitution. Ils devaient, au jour dit, se présenter à leurs mairies et déclarer verbalement s'ils étaient partisans ou non des mesures proposées. Toute déclaration dans un sens ou dans l'autre était inscrite sur un registre spécial. Le vote était obligatoire. Des peines sévères étaient prévues contre ceux qui rédigeraient, imprimeraient ou distribueraient des tracts recommandant l'abstention ou donnant des consignes aux membres des anciens partis. M. Maniu, qui contrevint à l'édit, fut invité à demeurer chez lui.

Avec de pareilles mesures, la seule chose que le gouvernement pouvait craindre, c'était d'avoir pour lui plus de voix que d'électeurs. Mais tout se passa à merveille : 99,87 pour 100 des électeurs participèrent au vote, et sur plus de 4 millions de suffrages, il y eut heureusement 5 000 voix d'opposants — ce qui suffisait à prouver la liberté des élections.

Codréano n'avait pas attendu le résultat du plébiscite pour dissoudre une fois de plus son parti. Il parlait même d'aller faire un voyage à l'étranger. S'il avait été sage, il aurait pris le train tout de suite. Un dictateur en herbe et un dictateur en exercice ne sauraient vivre ensemble... Que ne quitta-t-il alors sa patrie pour faire un tour à Grenoble et retrouver là-bas ses amis villageois ? Mais pouvait-il à ce moment quitter la Roumanie sans lâcheté, lui qui avait écrit : « C'est par ses héros que vit un peuple, et non par ses majorités lâches et inertes. Pour eux, peu importe de vaincre ou de mourir, car lorsqu'ils meurent, le peuple tout entier vit de leur mort et s'honore de leur martyre. Ils brillent dans l'Histoire comme les images d'or que le soleil, sur les hauteurs, éclaire au crépuscule, tandis qu'en bas, sur les plaines, si grandes et si nombreuses soient-elles, s'étend le voile de l'oubli et de la mort. »

Il resta donc à Bucarest, et comme il avait déjà fait chaque fois que la Garde avait été dissoute, il continua son activité secrète, tout en recommandant pour l'instant la prudence et la passivité. Mais un jour, le gouvernement ayant ordonné la fermeture de toutes les coopératives légionnaires, il sortit de sa réserve et écrivit au ministre Iorga une lettre publique, où il protestait avec violence contre une mesure qui portait préjudice à ses amis et en privait beaucoup de leur gagne-pain — le tout assaisonné de mots aigres et de récriminations contre le professeur, auquel il rappelait qu'il n'avait pas toujours été si hostile à la Garde qu'il se montrait aujourd'hui.

M. Iorga lui retourna sa lettre, avec ces mots : « On renvoie à leur auteur, avec indignation la plus justifiée, ces paroles insensées. Elles viennent de quelqu'un qui se rappelant combien de sang fut versé par lui ou par ses encouragements au meurtre devrait descendre dans sa conscience pour faire pénitence et éviter au pays les dangers qu'il accumule sur lui. » Sans doute le prudent vieillard se serait-il volontiers contenté de cette admonestation, mais le gouvernement l'obligea d'adresser une plainte au parquet militaire, afin qu'une action fût ouverte contre le nommé Codréano pour outrages contre un ministre dans l'exercice de ses fonctions.

M. Calinesco pouvait-il laisser passer une si belle occasion de mettre le Capitaine à l'ombre ?

XXIII

LE PROCÈS DU CAPITAINE

Entre la plainte déposée par Iorga et l'arrestation du Capitaine, dix-huit jours s'écoulèrent, pendant lesquels le Roi fit un nouveau gouvernement — le troisième en trois mois. Le ministère d'anciens présidents du Conseil, formé pour donner du prestige à la nouvelle Constitution, n'avait plus de raison d'être aujourd'hui, attendu que dorénavant les ministres n'exerceraient plus, à proprement parler, de fonctions politiques, mais se contenteraient, selon l'expression du Roi, de tirer la charrue, c'est-à-dire d'expédier les affaires sous sa direction. Afin de ménager l'amour-propre de ces importants personnages qu'il mettait ainsi en congé, et aussi pour ne pas sembler ne s'inspirer que de lui-même, il en forma un Conseil de la Couronne avec des attributions plus honorifiques qu'effectives, et les remplaça par des doublures. Cette fois encore le Patriarche couvrait l'opération de son autorité spirituelle, et M. Calinesco, non moins indispensable, gardait le ministère de l'Intérieur.

Les choses ainsi réglées et toutes précautions prises pour éviter du grabuge, M. Calinesco fit arrêter, le même jour, le Capitaine et deux cent cinquante des plus importants légionnaires, qu'il expédia sous bonne escorte vers différents monastères où ils seraient gardés à vue. Codréano fut envoyé en résidence forcée dans une maison qu'il avait à Prédeal, au cœur des Carpathes.

Cet acte d'énergie étonna tout le monde. Il y fallait quelque courage, car les légionnaires ne doutaient pas qu'un jour ou l'autre leur chef allait être arrêté, et les lettres affluaient au cabinet du ministre le menaçant du sort de Duca. Cinquante jeunes légionnaires lui avaient même fait savoir qu'ils se donneraient la mort ensemble devant le palais royal si l'on touchait au Capitaine. « Cinquante ! C'est bien peu ! s'était écrié Calinesco. Qu'ils s'y mettent à deux ou trois cents, et qu'ils viennent se tuer, non pas devant le palais royal, où ils risqueraient d'être arrêtés (ce qui serait dommage !) mais devant ma maison où ils seront tout à leur aise. »

Ni suicides, ni tentatives de meurtre, pas même de manifestations dans la rue, rien ne se produisit quand chef et lieutenants furent arrêtés. Le gouvernement lui-même en fut surpris. Et le Capitaine trouva peut-être que son ordre de non-résistance avait été trop bien suivi.

Deux jours plus tard on le ramenait en automobile à Bucarest, où il comparaissait devant le Conseil de guerre pour outrages à l'ancien ministre et conseiller royal, Iorga. Il n'avait même pas eu le temps de prendre connaissance des charges relevées contre lui. On lui donna une demi-heure pour se mettre au courant du dossier. Il y trouva des documents, signés de lui ou de ses amis, établissant que la Garde de Fer continuait, en dépit de sa dissolution, de poursuivre ses menées contre l'État. À quoi il répondit que ces documents étaient des faux. Quant au grief d'outrage à M. Iorga, il protesta n'avoir voulu attaquer ni le ministre ni le professeur, mais seulement le journaliste qui reniait aujourd'hui les thèses antisémites et nationalistes qu'il avait soutenues naguère.

Malgré toutes ses dénégations, Codréano fut condamné à six mois de prison. Il se garda de faire appel, soit qu'il eût le sentiment qu'un nouveau procès n'aboutirait qu'à une condamnation plus sévère, soit parce qu'il ne lui déplaisait pas de souffrir pour sa cause et de fermer la bouche aux malveillants, qui ne disaient que trop qu'il trouvait toujours le moyen d'échapper, et que ses camarades payaient pour lui.

M. Iorga fut le premier surpris par la sévérité du verdict. Inquiet aussi, je pense... Quant à M. Calinesco, il n'avait jamais vu dans les injures au professeur qu'un prétexte pour se saisir du Capitaine, sans provoquer une émotion trop vive, étant donné le peu d'importance de l'affaire. Mais le véritable procès allait bientôt commencer.

Le jour même où l'on avait arrêté les légionnaires, la police perquisitionnait chez eux, et deux jours plus tard, au Conseil des ministres, M. Calinesco exposait à ses collègues le résultat de ses recherches. On avait trouvé, paraît-il, des documents établissant l'existence d'une vaste organisation d'espionnage, dont le but était de renseigner le chef de la Garde de Fer sur ce qui se faisait à la Préfecture de police, à la Sûreté générale et même au grand État-major ; des circulaires dressées d'après des télégrammes chiffrés et des rapports confidentiels émanant des autorités publiques ; la lettre à Stelesco, dont j'ai déjà parlé, dans laquelle il était question de deux cents tombes, et qui pouvait être interprétée comme un appel à deux cents meurtres, une foule de renseignements sur le fonctionnement de la Garde, sa police, les serments légionnaires (« Je jure de poursuivre jusqu'à ma mort les bourreaux et leurs familles, et de leur infliger la punition qu'ils méritent devant Dieu et la nation roumaine. ») ; sur l'organisation du corps Motza-Marine ; l'enrôlement de la jeunesse des lycées et des collèges ; un papier couvert de chiffres, où l'on croyait trouver la preuve qu'une somme de 40 millions de lei avait été mise par une personne inconnue à la disposition de la Garde de Fer ; et surtout deux documents qui semblaient établir la forfaiture du Capitaine.

Le premier de ces documents était le brouillon d'une lettre adressée en 1935 au chef d'une puissance étrangère, qui n'était pas nommé, et dont voici le texte avec les coupures imposées par la raison d'État :

Le Comité central des légionnaires nationaux-socialistes de Roumanie discutant la réalisation du programme de 1935, préparé depuis longtemps en vue de notre future alliance politique et économique avec [...].

La solidarité d'intérêts moraux en premier lieu, qui nous unit de façon indestructible, nous commande de porter respectueusement à votre connaissance notre désir [...].

Le second document était un télégramme adressé à Hitler, et par la même voie, en mars 1938, pour le féliciter de l'Anschluss.

Lorsque M. Calinesco eut fini son exposé, le Conseil des ministres décida à l'unanimité que les ministres de la Justice et de la Défense nationale étaient autorisés à agir en justice pour punir les coupables.

Le procès s'ouvrit un mois plus tard, le 23 mai, devant une Cour martiale, présidée par un colonel assisté de quatre officiers. Débats publics, car le gouvernement affectait de vouloir donner à ce procès la plus grande publicité possible, pour vider une bonne fois l'abcès. Cependant, à plusieurs reprises le président fit évacuer la salle, et les débats continuèrent à huis clos, en sorte que la publicité fut plus apparente que réelle.

Dès l'ouverture de la séance, les avocats de la défense firent remarquer que sur les vingt dossiers que comprenait l'accusation, six ne leur avaient pas été communiqués, et que, sur 167 témoins cités par eux, 27 seulement étaient présents, les autres se trouvant en prison ou résidence forcée, et n'ayant pas été convoqués. Le tribunal rejeta ces observations, et le greffier donna lecture de l'acte d'accusation, qui reprenait un à un les griefs énumérés l'autre jour par M. Calinesco. Puis l'interrogatoire commença.

Codréano ne fit pas difficulté pour reconnaître qu'il avait bien envoyé un télégramme de félicitations à Hitler, au moment de l'Anschluss, mais il déclara que le brouillon de lettre découvert dans ses archives, et qui prouvait ses relations avec une puissance étrangère, n'était pas de sa main. Quant aux 40 millions de lei dont on trouvait mention sur un bout de papier, il expliqua qu'il s'agissait d'une simple note prise par lui en écoutant les doléances d'ouvriers venus se plaindre de ne pas être payés par le chef d'une grosse entreprise, qui avait fait l'année précédente 40 millions d'affaires. En ce qui concernait les pièces publiques de caractère confidentiel, qu'on avait saisies chez lui ou chez ses lieutenants, elles se rapportaient toutes, dit-il, à des questions sans portée, et il se cachait si peu de les tenir en sa possession qu'il les avait publiées dans différentes circulaires adressées à la Garde.

L'interrogatoire traîna ensuite sur des questions d'ordre secondaire. La Garde et ses filiales étaient-elles, oui ou non, des associations secrètes ? Avaient-elles un caractère militaire ? Possédaient-elles des dépôts d'armes ? Quels étaient leurs moyens d'existence ? Les cotisations et les dons suffisaient-ils à les faire vivre ? Où étaient leurs livres de comptes ? etc., etc.

Dans son réquisitoire, le procureur général ne retint pas l'histoire des 40 millions de lei, mais développa ces trois thèmes : trahison, rébellion contre l'État, machinations contre l'ordre social. Il y ajouta un tableau dramatique de la vie de Codréano, ce fils d'un Polonais et d'une Allemande, qui n'avait pas une goutte de sang roumain dans les veines, et prétendait se poser en sauveur national ; l'assassin du préfet Manciu ; l'instigateur des meurtres de Vernicesco, de Duca, de Stelesco et de tant d'autres ; l'homme qui avait empoisonné la jeunesse roumaine par des doctrines terroristes et enfiévré tout le pays de sentiments et d'idées qui n'avaient rien à voir avec l'esprit et le tempérament roumains.

Codréano aurait pu répliquer : « Vous me représentez comme un assassin vulgaire, mais vous ne semblez pas vous souvenir qu'après le meurtre de Manciu, j'ai été acquitté aux applaudissements de la nation tout entière... Quant aux meurtres de Vernicesco, de Duca et de Stelesco, ce sont autant de choses jugées sur lesquelles il n'y a plus à revenir... Vous dites que dans toutes ces affaires on a montré à mon égard une faiblesse coupable. Pourquoi cette faiblesse ? Parce que le gouvernement sentait en moi une force dont il espérait se servir. Mais on s'est aperçu qu'on ne se servait pas de moi, et voilà pourquoi je suis ici.

« J'ai soulevé autour de la Garde un enthousiasme national et mystique, comme on n'en avait jamais vu. Pourquoi ? Parce que j'ai dit tout haut ce que chacun sentait obscurément, que nos partis étaient pourris, nos politiciens vendus aux Juifs, et qu'une poignée d'étrangers sans foi ni loi exploitaient indignement un des pays les plus sains, les plus nobles du monde... J'ai réveillé l'idéal, j'ai voulu former un homme nouveau, j'ai inspiré à beaucoup ce désir : par là, mon œuvre me survivra.

« Vous avez si bien vu que tout mon secret était de faire appel aux forces profondes de l'âme, que vous avez mis à la tête de votre gouvernement le seul homme dont le prestige moral pouvait balancer le mien : le Patriarche lui-même. En toutes choses vous m'avez copié. Vous m'avez volé mon programme, chrétien, antisémite, antidémocratique, antiparlementaire. Votre Constitution n'est qu'un reflet de mes idées. Le Roi lui-même n'a pris la dictature que pour m'empêcher de la prendre.

« Vous m'accusez d'aimer l'Allemagne et de vouloir une alliance avec elle. C'est mon droit. Et si vous deviez emprisonner tous les Roumains qui pensent comme moi, vous n'auriez pas assez de monastères et de prisons... Vous me reprochez mon télégramme à Hitler, mais M. Goga a fait mieux : il est allé à Vienne féliciter le Führer en personne, et vous ne lui en avez pas moins fait de magnifiques funérailles.

« Je regarde, je cherche autour de moi. Je ne vois que de bons Roumains, des officiers que je respecte. Mais derrière eux j'aperçois, invisibles, les Juifs de Roumanie et d'ailleurs qui m'ont traîné ici, et dont il n'est question nulle part, à aucun moment, dans ce procès. Avec quelle habileté ils vont me faire condamner tout à l'heure, sans intervenir eux-mêmes, sur des questions auxquelles ils semblent parfaitement étrangers. Je tombe sous leurs coups, comme M. Goga lui-même. Mais il était naturel qu'après sa chute, M. Goga mourût tranquillement dans son lit, et que moi, je meure dans les prisons, où j'ai déjà pris la phtisie... »

Il ne dit rien de tout cela. Il se tut. On sait qu'il n'était pas orateur. Le procureur, dans son réquisitoire, en avait lui-même fait la remarque, mais il avait ajouté que tout son talent consistait à se créer une légende, ce qui, disait-il, est plus facile. En quoi il se trompait beaucoup. Le don du Capitaine n'était pas en effet de parler en public, mais de rassembler autour de lui de petits groupes de fidèles et d'exercer sur eux son action magnétique, d'inventer des spectacles pour frapper l'imagination des foules, les exalter rien que par sa présence, son silence, quelques mots dits à mi-voix. Et se créer ainsi une légende, cela est beaucoup moins commode, n'en plaise au procureur, que d'émouvoir par un discours... Mais aujourd'hui, Codréano qui ne parlait jamais que de l'âme semblait abandonné par la sienne. Et lui qui avait eu la puissance d'entraîner tant de gens derrière lui, n'était même pas capable d'émouvoir une petite salle de tribunal.

Cette fois, il fut condamné à dix ans de travaux forcés.

Dans un article du *Populaire*, un journaliste s'est étonné d'une condamnation si légère. « Pourquoi pas la mort ? » demande-t-il. Je me permets de le rassurer. Dix ans de travail souterrain dans les mines de sel, pour un phtisique cela équivaut pratiquement à la mort...

À l'heure qu'il est, Codréano n'a plus à compter sur personne, que sur l'Archange saint Michel — ce qui est peu ou beaucoup, selon le point de vue où l'on se place.

XXIV

ÉPILOGUE

CET OUVRAGE était terminé, et j'en corrigeais les épreuves quand les événements apportèrent, plus vite encore que je n'avais prévu, un sanglant épilogue à l'histoire de Codréano.

Depuis sa condamnation au mois de mai dernier, on n'avait plus entendu parler de lui ni de la Garde ; et l'agitation qu'il avait soulevée semblait déjà une histoire du passé, lorsque le roi Carol fit ce voyage en Angleterre, qu'au moment du ministère Goga, le gouvernement britannique l'avait prié de différer. Dans l'intervalle, l'Europe avait été bouleversée par le drame tchécoslovaque, et cette visite du Roi, qui attestait la fidélité de la Roumanie à ces alliances traditionnelles avec la France et l'Angleterre, prenait aujourd'hui une portée qu'elle n'aurait certainement pas eue quelques mois auparavant.

La réplique hitlérienne ne se fit pas attendre. Puisque le roi Carol prétendait s'opposer à l'avance allemande vers le bas Danube et la mer Noire, en s'appuyant sur Londres et Paris, il fallait lui rappeler sans retard que tout le monde, dans son royaume, était loin de penser comme lui. En Transylvanie, en Bukovine, la Garde reprit aussitôt son agitation terroriste. Des tracts, des circulaires menaçantes étaient répandus par milliers, tandis qu'un tribunal secret prononçait des condamnations que se chargeaient d'exécuter d'anciens membres du Bataillon de la Mort. Pour commencer, à Temisoara, une bombe était lancée dans un théâtre où chantait une Juive, et faisait plusieurs victimes. Des attentats se produisaient à Cluj contre l'usine à gaz et la société pétrolière. Le recteur de l'Université tombait sous le revolver d'un étudiant gardiste, et les deux policiers qui l'accompagnaient étaient tués. D'autres meurtres allaient suivre, quand le Roi, de retour à Bucarest, intervint avec la décision qui est dans son tempérament.

Un matin, dans les journaux, une information laconique annonçait que Codréano et treize membres de la Garde de Fer, parmi lesquels les meurtriers de l'étudiant Vernicesco, de Duca et de Stelesco, étaient passés de vie à trépas. Suivant la version officielle, l'affaire s'était ainsi passée. Trois automobiles découvertes qui transportaient, la nuit, de la prison de Ramnicu à celle de Jilava, Codréano et ses camarades, avaient été attaquées au petit jour, au moment où les voitures passaient à la lisière d'une forêt. Les détenus ayant cherché à fuir, les gendarmes de l'escorte les avaient abattus sur-le-champ.

Qu'y a-t-il de vrai dans cette histoire ? Pourquoi transporter de la sorte, et dans des voitures découvertes, les prisonniers d'une prison à une autre ? Et par quel singulier hasard tous les principaux chefs de la Garde étaient-ils ainsi rassemblés ? Qu'étaient ces agresseurs, dont aucun n'a pu être saisi ? Des fantômes très probablement... Il est fort vraisemblable qu'à la lisière du bois, les gendarmes invitèrent les prisonniers à descendre de voiture, et qu'à mesure qu'ils descendaient, on les fusilla un à un.

Telle fut la fin du Capitaine. Lui qui avait fait si longtemps bon marché de la vie des autres, il payait à son tour... L'Archange l'avait abandonné.

Quant au Roi, il s'est défendu. Et en se défendant, il a défendu contre l'Allemagne la Roumanie, et la France par surcroît.

Décembre 1938.

FIN

CODREANU ET LA GARDE DE FER
Choses vues et entendues en Roumanie
Lucien Rebatet

Le texte ci-après regroupe des articles de Lucien Rebatet parus dans l'hebdomadaire Je suis partout *à l'automne 1938. Il nous semble représenter un intéressant complément à* L'Envoyé de l'Archange, *Lucien Rebatet ayant voyagé en Roumanie à la même époque que Jérôme Tharaud et étant lui aussi particulièrement sensible à la question juive.*

I. Considérations sur la Roumanie

Différentes circonstances de ma vie ont voulu que la Roumanie est le pays étranger que je connais le moins mal, et surtout celui où j'ai le plus d'amis. Notre journal fut sans doute de toute la presse française celui qui a suivi le plus attentivement la longue crise roumaine de l'hiver dernier, et notre cher camarade Dauture en a été le plus lucide historien. Je n'étais pas retourné en Roumanie depuis près de cinq ans. Je serais indigne même d'effleurer du bout de ma plume la question juive, si je n'avais brûlé de savoir ce qui s'accomplit vraiment là-bas, au milieu du silence, des fausses nouvelles ou des congratulations officieuses les plus propres à attiser une curiosité de journaliste. J'ai donc consacré mes vacances à ce voyage. Gaxotte et Brasillach m'avaient demandé de le raconter ici. Je le fais avec d'autant plus de satisfaction qu'il se passe en Roumanie des choses passionnantes, que j'ai pu les étudier à loisir, que de pareils phénomènes politiques sont remplis d'enseignements fort actuels, et qu'enfin il n'est jamais mauvais de connaître la vérité sur un pays ami.

La Roumanie selon la légende

Chaque nation a sa légende. Celle de la France, pour les Roumains, veut, par exemple, que nous confondions régulièrement Bucarest avec Budapest, quand nous n'en faisons pas la capitale de la Bulgarie ; que l'on ne voie jamais chez nous d'officiers en tenue par crainte des bolcheviks et qu'à Paris l'on ne mange d'autres viandes que le cheval frigorifié. Ceci dit, les Roumains comptent du reste parmi les étrangers les mieux renseignés sur nous.

Il est déplorable que des voyageurs n'emportent chez eux que deux ou trois de ces truismes, comme c'est le cas de beaucoup d'Anglais et d'Américains. Mais j'ai appris, en faisant deux ou trois fois le tour de notre vieux continent, que la légende d'un pays ne doit pas être rejetée d'un bloc, que pour absurde et caricaturale qu'elle soit, elle n'a pas été forgée de toutes pièces. Il est certain par exemple que nous sommes fort ignorants de la géographie, que la République a essayé par tous les moyens de détruire le prestige de nos uniformes et que le bourgeois parisien se nourrit médiocrement, beaucoup plus chichement en tout cas que le bourgeois de Bucarest.

La légende roumaine en France a pour principale source les étudiants du Quartier latin et les souvenirs de quelques régiments de notre armée d'Orient, qui traversèrent en 1918 et 1919 le pays dévasté décrit par M. Vercel dans *Le Capitaine Conan*. Il paraît donc que l'on vous demande dans les hôtels de Bucarest si vous désirez un lit avec ou sans femme, que les dames et les demoiselles de la société s'y disputent l'étranger à chaque détour de rue, que si les hommes affichent une telle élégance et remplissent à ce point les cafés, c'est qu'ils sont tous entretenus et répugnent à la plus petite tâche. On cite encore volontiers certains adages toujours attribués à un « moldo-valaque », tels que :

« Être Roumain, ce n'est pas une nationalité, c'est une profession. »

J'espère ne pas surprendre outre mesure mes lecteurs en leur révélant qu'il y a en Roumanie des milliers de jeunes filles vêtues du noir le plus strict jusqu'à dix-huit ans, élevées dans des couvents français, allemands ou dans des lycées de l'État avec une rigidité dont je crois que la tradition s'est perdue même dans nos provinces ; que beaucoup de fonctionnaires de Bucarest sont tenus à quelque dix heures de bureau par jour ; que la prostitution est certainement moins prospère dans cette capitale que dans des cités d'apparence très boutonnée comme Lyon ou Amsterdam ; que je voudrais bien voir la tête de la France laborieuse si on lui appliquait la semaine de quatre-vingt-cinq heures couramment pratiquée pour le prolétariat de cette fainéante de Roumanie ; que la paysannerie roumaine, enfin, conserve intactes des traditions familiales bien ébréchées dans notre Occident. Les Roumains s'étonnent de la liberté de nos rues. Et il est exact, ma foi ! que n'importe quel square de Paris, l'été, abrite des effusions que l'on oserait se permettre dans l'un des squares de Bucarest.

Pourtant, cela ne fait point de doute, on respire très vite en Roumanie une odeur de corruption. Elle ne tient pas le moins du monde aux choses de la chair, où les Roumains apportent sans doute une ardeur de Méridionaux, mais certainement beaucoup plus de santé que des puritains insatisfaits. Cette corruption que la fable traduit si niaisement est bien plus complexe. Elle tient à un mode de vie, à des plis de l'esprit, au frottement séculaire des Orientaux, des Turcs, des Phanariotes, des Slaves, des Juifs aujourd'hui. La servitude, qu'elle soit exercée sur l'étranger, comme jadis la Porte sur les Balkans, ou par une tyrannie autochtone, comme dans le cas du marxisme, est redoutable surtout parce qu'elle détourne un peuple du travail, dont il n'aura pas le profit, pour l'incliner au marchandage, aux trafics d'influence, à la quête des faveurs et des passe-droits. Bucarest, avec le remue-ménage fiévreux de ses grandes artères, n'indique point une race nonchalante. Aux champs ou dans les faubourgs, l'allure du prolétaire est bien plus souvent le trot que le pas. Cette hâte constante du pauvre bougre loqueteux vers une nouvelle corvée est même une des images qui frappent le plus l'étranger. Mais un désordre subtil s'insinue dans cette activité, et détourne finalement de leur but beaucoup de ces talents, beaucoup de ces rudes efforts. La Roumanie est pleine d'entreprises, inachevées et confuses, que l'on eût menées au bout facilement et à beaucoup moins de frais, tant de capitaux que de sueur humaine, avec un peu de discipline dans le travail et une probité au moins relative des principaux exécutants.

Mais les Roumains en sont-ils entièrement responsables ? Ce n'est pas la moindre des questions parmi toutes celles qui tiennent en haleine aujourd'hui ce pays.

Quelques instantanés

Un voyageur a le devoir de fixer quelques aspects des pays qu'il traverse. La description reste encore l'un des meilleurs moyens d'expliquer un pays. Le Bucarest, bien dessiné, à peine un peu trop littéraire de M. Paul Morand, est certainement plus instructif et plus vrai qu'un tome d'économie politique et de démographie.

On s'est endormi, si l'on a pu, dans le rapide de Vienne à Bucarest, avec le souvenir de la correction silencieuse des nazis. Déjà, à Budapest, l'assaut bruyant du train, maintes physionomies brunes, maintes femmes plus vives et plus coquettes, annonçaient une autre latitude. Mais les fonctionnaires avaient encore la roideur des vieilles administrations à la prussienne. En deux heures de promenade, l'atmosphère solennelle et un peu lourde de la ville vous avait repris, la langue magyare vous avait étrangement dépaysé.

Le train stoppe au petit jour, au beau milieu de la steppe, dont la fertilité n'arrive pas à masquer la sauvagerie. La Roumanie commence là. C'est aussitôt un tohu-bohu d'uniformes, des casques à pointes voisinant avec des bérets d'alpins, des casquettes anglaises et les vareuses blanches du général Dourakine. De longs gaillards délurés et narquois, en complets clairs, un chapeau de paille sur l'œil, envahissent les wagons. Ce sont les douaniers, les policiers qui sondent vos bagages, scrutent vos passeports page à page, avec une ombrageuse minutie, puis, s'accotant familièrement à la porte, vous félicitent sur le bon goût de vos cravates, grillent une cigarette amicale et s'éloignent enfin à regret en vous laissant comprendre que, malgré tout, on aura l'œil sur vous.

Un faquin minable trotte éperdument sur les talons de ces seigneurs. C'est une espèce de fonctionnaire, lui aussi, puisqu'il est préposé à la remise en place de vos valises, et vous lui glissez quelques lei. Mais en geignant lamentablement, il tend l'autre main, s'agrippe, semble près des larmes. Un Roumain somptueusement vêtu vient à votre aide, lui donne la chasse. Le faquin s'incline très respectueux devant le boyard, dans un flot de paroles, mais ne lâche pas pied. Il n'est pas impossible qu'un vrai procès s'engage, bientôt arbitré par une demi-douzaine de témoins. Un petit trait à retenir : la volupté de la discussion, à propos de rien et de tout, pour l'amour de l'art. On la retrouvera sous mille formes, tout le long du chemin.

La première ville qui se dessine à l'horizon se nomme, selon l'âge des cartes et des guides, Grosswardein, Nagy-Varad ou Oradea-Mare. Elle est d'ailleurs blanche et rose, dans une auréole de poussière, avec une infinité de petites maisons semées sur un plan très fantaisiste, comme le sont toutes les villes, sauf les saxonnes, entre Budapest et la mer Noire.

Le train s'est vidé de tous les Hongrois de Budapest qui viennent là passer leurs vacances dans le reste de la famille. Diable ! la moitié sont juifs. Les manuels innombrables de l'irrédentisme magyar ne le disent pas.

Par chance, nous avons un wagon roumain. Ce sont maintenant, avec les Autrichiens, les meilleurs de toute l'Europe Centrale. Le rapide soutient une moyenne très honorable, au moins égale à celle des chemins de fer allemands. Les nouvelles locomotives, fabriquées en Transylvanie, sont imposantes. Sur ce point capital, l'équipement du pays a beaucoup progressé. Le matériel est infiniment mieux tenu que chez nous. Des femmes de service s'affairent, balai et plumeau à la main. Tous les trains que nous croisons sont bondés. Le nôtre aussi. Les Roumains sont des voyageurs infatigables. Le budget des chemins de fer ignore le déficit. Par malheur, sur cette ligne au trafic intense, il n'y a encore qu'une seule voie, et il en est presque partout ainsi.

Notre compartiment vient de se remplir de Roumains tout à fait authentiques : des officiers, une jeune femme qui professe dans un lycée, un magistrat. Au bout d'un quart d'heure, nous bavardons tous en français du ministère Daladier, et après quinze kilomètres, surtout après la Hongrie, il me semble que je me rapproche de chez moi.

Les chefs de gare ont tous dû sortir ce matin de chez le meilleur faiseur, et arborent d'impeccables vestons sous de splendides casquettes rouges. Mais les cheminots sont efflanqués, crasseux, presque en haillons. À l'heure du déjeuner, la morne table internationale des wagons-lits s'égaye d'une foule de hors-d'œuvre, de poissons succulents, d'un vin qui, enfin, n'est plus prohibitif. C'est l'accueil de la cuisine roumaine, plantureuse, pleine d'imprévus, trop riche d'épices et de sauces pour nos estomacs du Nord, mais si réjouissante après quelques jours de régime germanique.

Un coin dans les Karpathes, refuge nécessaire pour quelques semaines contre les chaleurs tropicales de la plaine. Un Parisien transporté ici nuitamment par avion aurait assez de peine à y reconnaître la notion classique du pays balkanique. Superbe route goudronnée, villas pimpantes, kyrielles de voitures américaines. Horizon d'admirables forêts, dont nous avons presque perdu en France le souvenir. N'étaient les fiers à-pics des cimes, le paysage serait presque trop peigné, trop suisse. Il faudrait aller chercher plus haut, vers le Nord, les Karpathes romantiques où l'on chasse encore les ours. Sinaïa, avec ses torrents, ses palaces, ses charmantes maisons roumaines (que le pays n'est-il construit tout entier dans ce style !), ses châteaux royaux aux clochetons germaniques sent un peu le décor bien épousseté, mais ce décor est parfaitement réussi.

Une nuit de chemin de fer, et me voilà à l'autre bout du monde, en pleine Dobroudja. D'admirables paysages d'eaux couverts de nénuphars et d'oiseaux bleus et roses de contes de fées prolongent le Danube à l'infini. Des minarets se dressent sur les villes. Puis voilà le désert, face à la mer, une terre féconde, mais sinistre, couleur de cendre, sans cailloux, sans arbres. Une carcasse de cheval d'où des corbeaux s'envolent pourrit à vingt mètres de la voie. De petites gares mélancoliques poussent de loin en loin, et les Roumains ont eu l'heureuse idée de leur donner des noms prestigieux : Neptune, Ovidiu. Il n'en faut pas plus pour faire surgir de ces paysages élémentaires, ces paysages de commencement du globe, toute une mythologie farouche et grandiose. Ces flots sombres et puissants, ce sont bien ceux du Pont-Euxin, battus par le trident des dieux irrités. Ovide mourut par là. Comme l'on comprend les *Tristes* ! Mais ce souvenir, à deux mille ans de distance, demeure un héritage vivant pour une nation qui apprit sa langue des légionnaires.

À quinze lieues de là, dans une anse de la mer Noire, Mangalia. Un demi-mètre de poussière sur une vague piste et sur toutes choses, sur les bourricots roussis, sur les arbres dont je ne sais plus le nom, sur le fez des Turcs centenaires qui somnolent le long des trottoirs. Une mosquée toute blanche, les effarants produits verts et visqueux, des salmigondis de dix races, des femmes mongoles aussi pures qu'au temps des grands Khans. Et au milieu de cette pouillerie levantine, un petit Deauville roumain, quatre ou cinq hôtels battant neufs, des villas du style Le Corbusier, des dancings, et deux cents jolies Bucarestoises en shorts et en pagnes à fleurs, manucurées et coiffées mieux qu'à Hollywood, le dernier hebdomadaire de Paris ou le dernier livre de Marcel Aymé à la main, évitant, avec un art miraculeux, de leurs orteils vernissés, les épluchures du marchand de melons turco-gréco-judéo-arménien dont leur regard ignorera à jamais l'existence.

Bucarest enfin. Entre mille croquis, lesquels choisir ? Voici la gare, énorme, fleurie, magnifiquement distribuée, pourvue de tout le confort imaginable, une vraie gare de capitale. Mais la sortie débouche sur un terrain vague, bosselé, sans un lampadaire, que termine une palissade pourrie.

De loin, Bucarest découpe sur un ciel éblouissant une silhouette à la Chicago avec ses gratte-ciel et ses buildings.

Mais avant d'atteindre ces géants de la banque, de l'assurance et du pétrole, vous traverserez une immense bourgade, aussi étendue que Paris, avec ses maisons de deux étages, ses rues où, sur cinquante mètres, vous rencontrez le Petit Trianon, un chalet suisse, une façade hispano-mauresque, un cube nu de ciment armé, le tout épousant les méandres d'une paisible anarchie qui ne manque du reste point de charme lorsqu'on a bien voulu s'y habituer. Les chariots à quatre roues des Barbares du Ve siècle y coupent la route à d'étincelantes Packard. Vous passez incontinent du macadam à la fondrière, au point que l'on pourrait se demander si chaque habitant n'a pas fait construire devant sa demeure le trottoir correspondant à ses revenus. Chaque pavé représente un pot-de-vin. Cependant, le nettoyage de la voirie est bien assuré. La malpropreté ne commence en Roumanie qu'avec la misère absolue, avec la juiverie ou le sordide cosmopolitisme des ports du Danube et de la mer. Le Roumain est peut-être le seul Méridional qui ait pour premier luxe de se laver, de blanchir et de fourbir sa demeure. Lorsqu'il est sale, c'est le signe qu'il crève littéralement de faim. Le cas, malheureusement, n'est point si rare.

À Bucarest, une controverse avec un chauffeur ou un cocher peut inspirer à un Français encore mal entraîné à l'Orient des idées d'assassinat. L'instant d'après, il s'émerveille, il s'attendrit devant les plus belles et les plus riches librairies françaises qui soient au monde hors de Paris. Sauf le cas d'incurable hypocondrie, il lui sera difficile de résister à la bousculade joyeuse de la Calea Victoriei — la plus forte densité sans doute de jolies femmes, ou pour le moins de femmes attrayantes de toutes les artères européennes —, aux cafés où les vieux Roumains ne se résignent pas à enterrer les traditions du boulevard parisien de leurs vingt ans. Sur ce « corso stendhalien », comme dit Paul Morand, tout le monde se connaît plus ou moins, et cependant, ce n'est jamais la mesquinerie, la monotonie de la province. Les caviars, les vins blancs, les petits pâtés des *bodegos* achèvent de nous réconcilier avec Bucarest. Et lorsqu'on s'est amusés jusqu'à la lassitude des contrastes incessants et capricieux de la ville, il reste le refuge de ses beaux jardins, où la main de l'homme a guidé la nature si discrètement. Le Français qui vient à Bucarest ne peut s'y sentir entièrement à l'étranger. C'est probablement une des raisons de ses impatiences, de ses exigences. Il comprend tout trop vite, qualités et défauts, et l'affabilité de chacun aidant, il se croit peut-être autorisé à parler et à trancher comme s'il était un peu « de la famille ». Ce qui ne veut pas dire qu'il soit toujours de bon conseil...

Un pope à ceinture rouge, un dignitaire sans doute, lustré, épanoui de santé, la moustache en croc, jouant d'une badine souple, sort d'un restaurant élégant entre deux bouffées de tango. Un Tzigane de quatorze ans pétrit un accordéon de bastringue, et il en fait un orgue. Ces *venatori* (chasseurs) des bataillons de montagnes, portant le béret kaki de nos régiments de forteresse, ne pourraient-ils pas être des conscrits savoyards ou auvergnats, à peine un peu plus frustes ? Sur le seuil de sa maison blanche et nette, où la camelote juive n'a pas encore évincé les beaux objets rustiques, un paysan aux yeux noirs, ingénus et vifs, reconduit à son auto une jeune bourgeoise tirée à quatre épingles, et lui baise la main avec une déférence et une galanterie exquises.

Mais il suffit pour le pittoresque roumain. Je dois même dire, en songeant à tout ce que mon voyage m'a révélé, que ce pittoresque n'a jamais été moins de saison.

Une esquisse de la grande Roumanie

Voici vingt-cinq ou trente ans, un journaliste aurait pu y sacrifier avec autant de sérénité que Théophile Gautier flânant jadis dans la plus pacifique des Espagnes.

La Roumanie, à l'époque, s'accoutumait sans grands heurts à l'indépendance, sous le sceptre d'un vieil Hohenzollern fort mal assorti au tempérament de ses sujets, mais qui cherchait leur bien avec sincérité. La République française était le phare de cette monarchie. On pouvait se permettre, sans excès de dommages, de calquer les remous de sa politique, tant la vie était facile sur un petit territoire regorgeant de tous les dons du ciel. Il n'est pas très difficile d'imaginer que c'eût été la félicité sans la plaie juive s'envenimant d'année en année.

Il est arrivé depuis à la Roumanie la merveilleuse et périlleuse aventure de passer, sans transition, au rang de septième puissance de l'Europe, possédant quarante mille kilomètres carrés de plus que l'Angleterre, et pouvant, avant trente ans, égaler la population de la France.

Le sort affreux que la diplomatie des Alliés lui avait réservé en 1916 valait une compensation. Gardons-nous bien, par le temps qui court, de rechercher si cette compensation a été ou non excessive. Ce qui est certain, c'est que la Roumanie est, avec la Pologne, l'État le plus normalement constitué de tous ceux qui ont vu le jour à Versailles. La population, purement roumaine, qu'elle rassemble, est très homogène. À ce propos, il n'est pas inutile de rappeler que le terme « Moldo-Valaque » est aussi vide de sens que celui de Normando-Berrichon.

Le Moldave est tout simplement le Roumain du Nord, plus grand, de complexion plus claire. Le mot valaque, s'il était employé, désignerait le Roumain du Sud et du Centre. On dit là-bas « Olténien » et « Moténténien ». Les Roumains de Transylvanie, de Bukovine, de Bessarabie possèdent, bien entendu, leurs traits particuliers, qu'ils confrontent, qu'ils revendiquent, mais ce ne sont que de menus détails. Ces Roumains se sont confondus aussitôt avec ceux du Vieux Royaume, parce que tous sont vraiment unis par une communauté ethnique millénaire surprenante, mais indiscutable. On a longuement soupesé la « latinité » des Roumains, parce qu'il paraissait inadmissible d'y ranger ces hommes d'Orient. Mais la latinité n'est pas plus une affaire de sang que le germanisme. C'est une communauté de langage, de pensées. Les arrière-petits-fils des Daces et des légions de Trajan ont, bien entendu, subi une influence byzantine qui n'a pour ainsi dire jamais effleuré le Gallo-Romain.

Mais, enfin, si cette influence avait été toute-puissante, elle aurait coulé dans le même moule tous les Chrétiens d'Orient. Le prestige d'une langue latine a cimenté un de ces peuples chrétiens aussi sûrement que les architectes romains le faisaient pour les pierres de leurs aqueducs. La langue a résisté à tout : invasions, asservissements, massacres, dispersions aussi. Sans vouloir m'aventurer sur un terrain que je connais bien mal, les plus graves dangers que cette langue a courus, me semble-t-il, elle les doit à ses grammairiens du siècle dernier. Les paysans emploient souvent un vocabulaire plus proche des origines que celui des professeurs. Quoi qu'il en soit, elle a été le signe de ralliement de ces gens-là envers et contre tout. C'est une histoire qui mériterait quelque respect pour sa seule étrangeté. Elle a distingué les Roumains de tous leurs voisins, elle les a dotés d'une forme d'esprit qui leur permet beaucoup plus vite qu'à ses voisins de s'assimiler maintes choses d'Occident. Quant à vouloir en conclure qu'ils jugent de tout comme un Beauceron, c'est une autre affaire, et où l'on aurait plutôt des mécomptes.

La Roumanie d'après-guerre a hérité, comme ses voisins, de minorités pesantes, mais toutefois beaucoup mieux réparties, avec certaines enclaves, telles les vieilles et importantes colonies hongroises et saxonnes de la lisière des Karpathes dans les conditions les plus favorables, semble-t-il, à une assimilation : fort éloignées du noyau national, cernées par les majoritaires. La politique de Bucarest à l'endroit de ces minorités a été suffisamment souple pour devenir même tout à fait débonnaire, ne surestimant point à l'excès sa force, et favorisant peu à peu l'exode vers l'intérieur, notamment vers Bucarest, d'un nombreux prolétariat hongrois, ce qui est sans conteste la méthode la plus efficace. Au surplus, le paysan roumain est presque aussi prolifique que le paysan polonais. Pour un petit Hongrois, il naît trois ou quatre petits Roumains en Transylvanie, ce qui crée des garanties et des droits infiniment plus solides que n'importe quel pacte. Il n'apparaît pas que le problème des minorités chrétiennes pourrait prendre là-bas la forme d'une crise aiguë et vitale pour l'État tout entier, comme cela vient d'être le cas chez les Tchèques.

Économiquement, la Roumanie nouvelle est une espèce de chef-d'œuvre. Du moins en a-t-elle tous les éléments. On n'insistera jamais assez sur la richesse providentielle de cette terre, et surtout sur l'équilibre parfait de ses richesses : céréales, fruits, bois, vins, pétrole, minerais, des sites et des stations touristiques d'une exploitation facile, une incomparable voie fluviale, un débouché vers la mer. Ne sont-ce pas autant de promesses de la plus enviable destinée ? Vingt ans après la réalisation de ses rêves les plus inespérés, la Roumanie s'est-elle montrée digne du sort qu'on lui réservait ? Infiniment plus prudente et mieux inspirée que sa voisine tchèque dans sa politique extérieure, la gestion de ses affaires intérieures apparaît surtout comme une série d'échecs confus. Le pays est depuis six mois sous la coupe d'un pouvoir dictatorial exercé directement par le roi Carol II. Est-ce une punition nécessaire ? Est-ce la voie du salut ?

II. Codreanu, envoyé de l'Archange ?

Le fond du caractère roumain, chez les deux ou trois cent mille personnes jouant un rôle effectif au milieu de l'immense paysannerie de la nation, est fait d'une très grande vivacité critique, qui apparaît bien comme un héritage latin. L'Orient slave et surtout byzantin y a ajouté sa souplesse, son goût de la cabale et de l'argutie, en même temps qu'une nuance de fatalisme. Si l'on fait encore la part d'une chaleur du sang propre à tous les Méridionaux, on concevra que ce peuple n'est pas très aisément gouvernable. On le voit bien par son histoire médiévale, pittoresque et documentée, avec ses soudards, ses Phanariotes malins, ses diplomates trop subtils, ses héros intrépides et malchanceux, tel le paladin Michel le Brave, chef d'une croisade contre les Turcs à laquelle le Saint-Empire et la papauté participaient, et premier fondateur d'une grande Roumanie qui ne devait pas lui survivre. Si ce peuple a connu durant des siècles les plus affreuses infortunes, sans doute le doit-il d'abord à sa tragique situation entre les deux énormes Empires russe et turc.

Mais ses luttes intestines ont eu aussi leur rôle dans cette chaîne de malheur.

C'est ce que comprirent les grandes puissances lorsqu'elles placèrent en 1866 un souverain étranger à la tête des principautés roumaines libérées du joug turc et qui allaient bientôt devenir royaume. La Roumanie eut donc le souverain qui pouvait le moins lui ressembler, un Hohenzollern pur sang, fanatique de discipline prussienne, l'imposant et sévère Carol Ier, décrit dans ses mémoires avec un mélange savoureux d'humour, de déférence et d'effroi rétrospectif par la feue reine Marie, qui était tombée à dix-sept ans, la pauvrette, sous la coupe de ce feldwebel.

Pendant son très long règne, Carol Ier fit son métier avec persévérance, conscience et méthode, au milieu des innombrables intrigues de ses ministres. La Roumanie possédait un roi teuton, mais l'idéal de tous ces politiciens, formés à l'école de Droit de Paris, allait au radicalisme français, teinté de cautèle orientale. Elle pouvait du reste s'offrir le luxe de crises ministérielles et de bagarres gouvernementales sans troubler le moins du monde l'Europe non plus que le cours de sa propre existence.

La petite Roumanie de 1900, à peine plus vaste et peuplée que la Belgique, possédait la plus belle princesse du monde. Elle déléguait à Paris des étudiants nonchalants, intelligents, magnifiquement vêtus et fort amoureux, des boyards pleins de faste et cultivés jusqu'au bout des ongles, des violonistes de génie, des poétesses impétueuses, débordant de sentiments et de littérature, à l'exemple de la reine Carmen Sylva. En somme, l'ancienne protégée de Napoléon III, la « petite sœur latine » faisait bonne figure dans la société, bien meilleure que tous ces montagnards balkaniques, bosniaques, monténégrins, macédoniens, comitadjis de toutes les couleurs, aux mollets entourés de ficelles, nourris d'oignons et de lait caillé, toujours prêts à brandir leurs pétoires pour rallumer l'éternelle et consternante « question d'Orient ». La Roumanie méprisait ces querelles de rustres et n'intervenait qu'avec hauteur et sûre d'un rapide succès dans la liquidation de l'Empire turc. Elle regrettait la Bessarabie chapardée par la Russie, mais sans avoir la naïveté de la réclamer à un tel voisin. Elle encourageait secrètement la renaissance en Transylvanie d'un irrédentisme vigoureux, provoqué par la brutale maladresse de la double monarchie.

Les emprunts roumains faisaient le désespoir de la bourgeoisie française, dont le romantisme financier est à jamais incorrigible. Mais en dépit d'un budget pitoyable, de salaires ridicules, la vie restait douce dans les frontières du petit État. La richesse naturelle d'une terre était encore une réalité à l'époque. Les Roumains, pauvres en numéraires, vivaient sur ce capital du sol, assez obscurément, mais confortablement.

On connaît le drame qui marqua pour l'ancienne Roumanie le début de la Grande Guerre. Le vieux Carol était passionnément germanophile, lié à la Triplice par un traité secret, sa nièce Marie, son personnel politique et toute la classe cultivée du pays, francophiles avec résolution. Carol fut d'abord obligé à la neutralité et en mourut au bout de deux mois, trop opportunément pour qu'on ne parlât pas sous le manteau et, je crois, sans aucune preuve, d'un mauvais café.

Deux ans plus tard, après les ardentes campagnes en faveur de l'intervention des Bratiano, des Ionesco, après des marchandages diplomatiques où l'on reconnaît la patte dégoûtante de Briand, la Roumanie entrait en guerre sur les instances pressantes du général Joffre. Les Alliés la précipitaient dans la lugubre aventure, sans lui avoir fourni aucun moyen ni aucun conseil militaire, pour desserrer, à quelque prix que ce fût, l'étreinte allemande sur Verdun. Le roi Ferdinand, malgré son sang germanique, remplit avec dignité et courage son devoir. L'état-major roumain fit aussitôt la preuve d'une remarquable incapacité. Le paysan à peine vêtu, à peine armé, sustenté d'un peu de maïs, se battit du mieux qu'il put devant Mackensen, Falkenhayn et trente magnifiques divisions allemandes, sans compter les Bulgares, les Austro-Hongrois et les Turcs. J'ai déjà dit comment les Russes contemplèrent le drame sereinement, l'arme à la bretelle, en saccageant les arrières. Ce fut une horrible catastrophe, une boucherie sur les champs de bataille, le typhus exanthématique faisant plus de 500 000 victimes, l'invasion, le déménagement du pays par les Russes puis les Allemands. Mais quand on découvre aujourd'hui aux flancs des Karpathes les croix blanches des cimetières militaires, on songe que si Verdun fut dégagé à l'automne de 1916, nous le devons un peu aux pauvres diables qui se firent hacher sous ces sapins. Si la Roumanie a doublé ses frontières, elle en a versé le prix avec le sang de ses soldats.

L'effondrement du régime parlementaire

Comme l'Allemagne de Weimar, comme l'Autriche, l'Italie, l'Espagne, le Portugal et la France, la nouvelle Roumanie a vu depuis vingt ans se détruire elle-même la démocratie parlementaire qui formait la base de ses institutions. Elle eût pu s'en accommoder encore pendant un demi-siècle, dans son cadre restreint d'autrefois, dans une époque d'équilibre économique, et avec le correctif de sa dynastie. Mais la vieille patache n'a pas résisté à la crise de croissance de l'État, aux problèmes impérieusement concrets de toute l'Europe d'après-guerre. Le régime, en Roumanie, put encore laisser le champ libre à quelques remarquables diplomates — ce qu'il n'a même pas permis chez nous — mais il ne put fournir un seul administrateur. C'est pour cette raison que les Roumains sont aujourd'hui si sévères, avec je crois une nuance d'injustice, pour feu Jean Bratiano, qui fit la grande Roumanie à Versailles mais ne sut pas la cimenter à l'intérieur.

Le système électif n'avait pas eu encore en Roumanie, au milieu d'une immense et très simple population agricole, le temps d'être aussi malfaisant que chez nous, de pousser aussi loin ses funestes racines. Les Roumains faisaient même le seul usage à mon sens raisonnable de la machine électorale : à savoir de mettre chaque urne sous la garde de quelques « *pistoleros* » résolus, tout en ayant dispensé au préalable le plus large budget de corruption. Je ne crois pas que le souci de l'électeur et du compte rendu de mandat ait jamais pesé lourd sur la conscience d'un député de là-bas. Le parlementarisme roumain n'a guère été asservi au Nombre. Mais il a engendré l'hégémonie des bandes, des clans politiciens, grossis de leurs clientèles de fonctionnaires et d'agioteurs se disputant le pouvoir avec astuce et férocité.

L'histoire politique de la nouvelle Roumanie est celle de ces luttes épuisantes et dégradantes, de ces batailles de « gangs » rivaux mettant en jeu le sort d'une nation de vingt millions d'habitants. Je passe sur les conséquences : pugilats à la Chambre, dégringolades de ministères, scandales, prévarication à tous les étages. Nous avons fait, sans nous vanter, aussi bien.

Les succès et les victoires avaient été d'abord assez équitablement répartis entre les trois grandes factions des libéraux (équivalentes à peu près de nos radicaux), de la Ligue du peuple, fondée par le général Averesco et des nationaux-tsaranistes, c'est-à-dire nationaux-paysans, forts surtout en Transylvanie, où les patriotes jouaient leur rôle classique de cocus, et les démagogues socialisants celui des profiteurs. Mais chacune de ces factions s'usait rapidement par ses propres conflits, par ses traîtres, ses dissidences ouvertes ou larvées. Durant ces six ou sept dernières années, l'effritement et l'anarchie des partis condamnaient à un trépas imminent des assemblées parlementaires devenues tout à fait inutilisables.

L'heure du fascisme venait de sonner pour le pays. Dans de pareilles circonstances, l'Italie avait vu l'apparition des Chemises noires, l'Allemagne des Chemises brunes, l'Espagne verrait bientôt les Phalanges. En Roumanie, le fascisme surgit aussi des décombres de la démocratie. Il se nomma la Garde de Fer, et son chef était Codreanu.

L'ascension et l'éclipse de Codreanu

On a très âprement discuté des origines de Codreanu. Voici très exactement sa généalogie. Toute la branche paternelle est roumaine de Bukovine, portant le sobriquet campagnard de Codreanu (le Forestier) et le nom très roumain de Zelea, que l'administration autrichienne troqua en Zelinski lorsque le grand-père Nicolas fut incorporé dans un régiment polonais. Tous les prénoms de la branche sont roumains : Siméon, Nicolas, Ion. Tout l'état civil de la famille fut rédigé en roumain sous la domination autrichienne. Tous les aïeux, de ce côté-là, ont été de religion orthodoxe. Le père de Codreanu a quitté tout jeune la Bukovine pour Jassy et demandé sa réintégration dans la nationalité roumaine, qu'il a obtenue aussitôt, comme par exemple un Lorrain abandonnant Metz pour Nancy après 1870. Si Codreanu était, comme on dit, de père « polonais », il faudrait admettre qu'il n'y a pas un seul Roumain en Bukovine !

La mère de Codreanu, Eliza Brauner, est la petite-fille d'un Bavarois, Adolf Brauner, fixé en Roumanie il y a plus d'un siècle, et marié à une Roumaine, Élisabeth Ceruca. Toute cette branche est devenue orthodoxe. Sur dix ascendants de Codreanu, il y a donc un seul étranger, son arrière-grand-père. Codreanu peut bien se dire roumain de la tête aux pieds, infiniment plus roumain que tous les fils et petits-fils de Grecs si nombreux dans la politique de son pays.

Que nous apprend, vue de l'extérieur et dépouillée de tout fait contestable, la vie de Corneliu Zelea Codreanu ? Par sa mère, il vient du peuple. Son père est un très modeste professeur. Le petit Corneliu, tout enfant, est recueilli par M. Cuza, patriarche de l'antisémitisme roumain, qui le fait élever dans sa famille à Jassy. Tous les Chrétiens de Jassy haïssent les Juifs qui pullulent autour d'eux. Codreanu, auprès de Cuza, apprend à raisonner cette haine.

En 1920, la Roumanie vient d'hériter de tous les Juifs de Bukovine et de Bessarabie, grossis d'un flot énorme qui accourt plus ou moins en fraude de Galicie, d'Ukraine et de Crimée. Les universités envahies (830 Juifs pour 546 Chrétiens à la Faculté de médecine de Jassy) organisent la réaction.

Le premier geste politique de Codreanu, qui a commencé son droit, est pour prendre à Jassy même la tête de ce mouvement d'étudiants. Ce n'est pas un orateur habile, mais sa conviction est entraînante. Il est grand, vigoureusement bâti, avec un beau visage inspiré et viril qui s'impose aussitôt. Il ne se contente pas de rosser les Juifs. Il crée en 1924 le premier « camp de travail de la jeunesse » que l'on ait vu en Europe, et fait construire par les étudiants une maison pour leurs collègues pauvres.

La même année, Codreanu fait ses premières armes d'avocat dans la défense d'un étudiant de ses amis. Un des témoins de l'audience est le préfet de police Manciu, un abominable salaud qui soumet à la torture les étudiants antisémites. Il provoque Codreanu grossièrement, jette sur lui ses flics qui le rouent de coups. Codreanu tire son revolver et, en plein prétoire, il étend Manciu raide mort. Le procès qui suit bouleverse la Roumanie. Des milliers d'avocats chrétiens se font inscrire pour défendre Codreanu. Il est triomphalement acquitté.

Codreanu va terminer ses études en France. Très pauvre, il s'embauche pour vivre près de Grenoble dans une ferme, il y mène l'existence des paysans, il y apprend leurs travaux.

À son retour en Roumanie, il se sépare du vieux Cuza, théoricien dépourvu du sens de l'action, qui a laissé son parti se scinder en deux. Codreanu fonde pour son propre compte la Légion de l'archange Saint-Michel, avec douze camarades et les consignes suivantes, à la fois morales et religieuses : guerre aux Juifs, croyance, travail, ordre, hiérarchie, discipline, silence. Codreanu prend le titre de capitaine, le « *Capitan* ».

Du monde des étudiants, la Légion va se répandre à travers toute la Roumanie, en se mêlant d'abord à la couche la plus solide de la population, la paysannerie. Les légionnaires organisent des caravanes de propagande, assistent les cultivateurs dans le labour ou la moisson, créent des coopératives pour concurrencer le commerce juif. En 1930, la Légion prend le nom de Garde de Fer. Elle est dissoute deux fois par des ministères démocrates, sans cesser de progresser. Le président du Conseil, le franc-maçon Duca, prononce à la fin de 1933 une troisième dissolution. Les gardes, décidés à un exemple, le tuent quelques jours plus tard sur le quai de la gare de Sinaïa.

Le prestige de Codreanu et de la Garde ne cesse de grandir. Le mouvement prend une part importante dans l'éviction du redoutable Titulesco, qui essayait d'enchaîner la Roumanie à une alliance russe. Il accomplit une immense tâche morale et matérielle. Deux de ses membres, Motsa et Marin engagés dans les troupes nationalistes de Franco, trouvent une mort glorieuse sur le front espagnol. Leurs funérailles à Bucarest sont l'occasion de cérémonies bouleversantes.

À l'automne dernier, la Roumanie est en pleine période électorale. Les libéraux se font forts de vaincre, comme ont vaincu jusqu'ici les partis qui avaient la police et les fonctionnaires en mains. Mais ils n'ont pas compté avec la foi et l'enthousiasme des codreanistes. La Garde, devenue le parti « Tout pour le pays », réunit au milieu d'une poussière de soixante-treize partis 480 000 suffrages librement apportés, sur le mot d'ordre de l'antisémitisme et de l'antimarxisme.

L'Europe entière est convaincue que la Roumanie va vivre des jours décisifs. Au dernier moment, cependant, Codreanu scelle une alliance déconcertante avec les nationaux-paysans de M. Maniu, qui depuis longtemps penchaient à gauche.

Le roi Carol appelle alors au pouvoir le parti national chrétien de Goga et de Cuza. Le premier acte du nouveau ministère est pour édicter un statut très complet et très sévère de la minorité juive, avec entre autres la révision de toutes les naturalisations obtenues depuis la guerre, l'interdiction aux Juifs de collaborer à des journaux chrétiens, de vendre des produits manufacturés, d'occuper des fonctions publiques.

L'internationale juive pousse de New York à Prague des cris de fureur. Elle organise une féroce pression financière sur ce pays qui ose s'attaquer au peuple élu. Car dix-huit millions de Chrétiens qui entendent être chez eux sur leur propre sol, c'est selon la loi d'Israël la prétention intolérable d'une bande de malotrus. Tandis que le même nombre de youdis campant à travers quatre-vingts États, parmi un milliard et demi d'êtres humains, cela forme, paraît-il, la voix du monde. La presse française tient dans ce concert juif un rôle d'une hypocrisie parfaitement répugnante. Elle se donne les gants de défendre le pauvre Juif contre l'oppresseur, et dans le même temps, elle émarge aux gros coffres-forts de Wall Street et du Stock Exchange, elle travaille avec vigueur au blocus du paysan roumain.

Au bout de quarante-cinq jours, coup de théâtre. Le roi Carol réclame brusquement sa démission à M. Goga qui ne se relèvera pas du coup et mourra de chagrin quelques mois plus tard. Un ministère est constitué sous la présidence d'un vieillard de soixante-dix ans, chef de l'Église roumaine, le patriarche Miron Cristea. La partie va-t-elle se jouer maintenant entre le roi et Codreanu ? Beaucoup le pensent. Mais le Capitaine semble accepter la dissolution, la quatrième, de sa Garde, et annonce son désir de faire retraite en Italie. Il ne part pas. Le bruit court d'une négociation entre l'imposante masse de la Garde et le souverain. En fait de négociation, on apprend bientôt que Codreanu et la plupart de ses lieutenants ont été arrêtés. Un procès biscornu, où l'on essaie de sauver la forme tout en la violant froidement à chaque instant, est intenté au Capitaine pour complot contre l'État. Codreanu, affaibli à dessein par de longues semaines de cachot, sans air ni lumière, présente une défense assez maladroite, pour autant que les documents permettent d'en juger (les comptes rendus d'audience ont été tronqués par ordre dans tous les journaux roumains). Il est condamné à dix ans de travaux forcés et transféré immédiatement dans une mine de sel, le bagne le plus sévère et le plus pénible de toute la Roumanie.

La monarchie constitutionnelle a vécu.

Cette condamnation dépourvue de toute base juridique — Codreanu devait être fusillé ou gracié — est le symbole du pouvoir personnel que le roi entend exercer désormais.

Jugeons toujours de l'extérieur, comme un journaliste parisien, qui ne connaît les événements que par les dépêches d'agences et par quelques informateurs bénévoles.

Le roi fait plébisciter par la manière forte une nouvelle constitution avant même que le texte en ait été rendu public. Tous les partis politiques sont dissous. Une pluie de décrets réforme les cadres administratifs du pays. Le Parlement est congédié.

Les écoliers et les lycéens sont groupés obligatoirement dans l'institution nationale des « *strajers* » (sentinelles, gardiens du pays), sur le modèle des organisations fascistes d'Italie et d'Allemagne, *balillas*, *Hitlerjugend*. L'état de siège permanent est proclamé. La plupart des postes de préfets et de maires sont confiés à des officiers. La censure est établie. Des journaux importants sont suspendus plusieurs fois à titre d'exemple. Plusieurs milliers de Gardes de Fer sont arrêtés, jugés sommairement et emprisonnés dans des camps de concentration.

On note cependant avec surprise que ces manifestations du plus vigoureux absolutisme royal sont accueillies à l'étranger par les éloges de toute la presse dite démocratique. Le nouveau régime roumain est sans doute dictatorial. Mais nous apprenons par la bouche des républicains français les plus déterminés qu'il y a dictature et dictature, et que celle-ci s'exerce dans le bon sens. Ainsi en décide, par exemple, le dénommé Buré, qui tresse dans *L'Ordre* une inquiétante couronne à Carol II.

L'observateur étranger, séduit tout d'abord par les méthodes simplifiées et énergiques du souverain roumain, consulte ses documents d'un peu plus près. Il s'aperçoit que le ministère Miron Cristea a débuté par différentes proclamations antijuives, mais qu'elles ont été contredites peu de temps après par des assurances plus ou moins voilées données aux mêmes Juifs ; que les lois du ministère Goga n'ont sans doute pas été abrogées mais qu'elles ne paraissent avoir reçu aucun commencement d'exécution.

Est-ce le secret du soupir de soulagement exhalé par tous les journaux français où les Juifs commandent ? Le procès de Codreanu y a été traité dans le même style que celui d'un banal gibier de cour d'assises. *Paris-Soir*, en veine de titres corsés, a trouvé cette formule : « La fin d'un gangster de la politique ». Partout, l'aventure de la Garde est considérée comme close, pour le plus grand bien, dit-on, de la Roumanie et des intérêts que la France a chez son alliée. La Roumanie a retrouvé son équilibre politique sous une poigne vigoureuse, et les journaux les moins suspects de philosémitisme impriment que le souverain, dans sa sagesse et sa fermeté, a sans doute permis à son pays l'économie d'une révolution qui menaçait.

Première rencontre avec la Garde de Fer

J'étais pour ma part, je dois le dire, un peu mieux renseigné que le journaliste auquel je me substituais tout à l'heure. Je connais d'assez près et d'assez longue date les Gardes de Fer de Paris, tous étudiants, qui ont leur cellule, leur « *cuib* », dans un très humble sixième du Quartier latin.

Quelques semaines après l'incarcération de Codreanu, je tenais dans mes mains une circulaire adressée à tous les lieutenants de la Garde et prouvant bien que le mouvement n'était ni décapité ni disloqué.

Trois jours avant mon départ, je recevais la visite d'un jeune Roumain, fraîchement débarqué de Bucarest, et qui venait m'affirmer avec des regards flamboyants que non seulement la Garde subsistait, mais que la férocité et l'injustice de la persécution entraînaient vers elle le pays entier.

Dès mon arrivée en Roumanie, je pouvais me convaincre sans peine que la dictature y est une réalité de tous les instants, et que l'espionnage officiel y tend un filet auprès de quoi les entreprises mécaniques de la Gestapo allemande sont une plaisanterie. J'avoue que la survivance au milieu d'un tel réseau d'une quelconque Garde de Fer m'apparut pendant quarante-huit heures comme un mythe dérisoire. Mais à peine m'étais-je confié à quelques oreilles sûres que l'on me proposait dix pistes et autant de rendez-vous. Je passe sur des péripéties propres à me convaincre que si la police de l'État roumain est bien faite, celle de la Garde la vaut. Un émissaire choisi parmi les moins surveillés était chargé de me rejoindre le plus discrètement possible. Une voiture nous emportait aussitôt dans le fond d'un faubourg de Bucarest, où un lieutenant de la Garde m'attendait sous la lampe d'une salle à manger éloignée et soigneusement fermée. Il tenait à la main un petit livre, *La Vérité sur le procès de Codreanu.*

— Si vous voulez une preuve de l'existence de la Garde, mettez celle-ci dans votre poche. Ce bouquin vient de sortir de nos treize presses clandestines. Il est tiré à trente mille exemplaires et il court le pays. Il y a trois ans de prison pour le lecteur qui se fait prendre.

Ce garçon, qui pouvait avoir vingt-quatre ou vingt-cinq ans, rayonnait de cet enthousiasme serein, bouleversant toutes les notions connues du tempérament roumain, le même enthousiasme, la même tranquille certitude que je voyais chez les légionnaires de Paris un an plus tôt, en plein triomphe électoral de leur parti. Il était délégué par sa section aux fins de m'instruire, et sans lâcher un seul secret véritable, il accumulait devant moi les documents d'une activité fiévreuse et méthodique, ce qui est encore une surprise, un fait très nouveau en pays roumain.

— C'est entendu, me dit-il, beaucoup de nos chefs sont sous les verrous. Mais ceux qui restent travaillent double. Trois des collaborateurs immédiats de Codreanu, dont son ami Cantacuzène, se sont évadés du train qui les conduisait à la geôle. Je sais très bien où ils sont, et que la police ne les trouvera certainement pas. Nous tenons ponctuellement nos réunions. Toutes nos liaisons fonctionnent. Nous sommes une armée. On ne fait pas arrêter une armée par les gendarmes.

J'admirais, tout en m'étonnant de l'inaction soudaine de Codreanu, entre décembre et février, à l'heure où il paraissait n'avoir qu'un mot à dire, qu'un geste à faire pour soulever toutes ses troupes et s'emparer du pouvoir. Mais je rencontrais aussitôt la discipline, le refus de la critique, troisième phénomène invraisemblable en Roumanie.

— Notre capitaine est le plus intelligent de nous tous. Il a tout pesé, nous n'avons qu'à obéir et qu'à attendre. S'il s'est même refusé à échapper au bagne, c'est qu'il le faut pour le parti. Les nouveaux adhérents affluent, nos cotisations grossissent tous les jours. Vous ne comprenez peut-être pas que nous sommes avant tout des Chrétiens, que nous avons avant tout notre foi religieuse. En prison aussi nous travaillons pour la

Légion, nous prions chaque jour à genoux, une heure, les bras en croix.

Et le terrible petit bonhomme, d'autant plus troublant que sa voix était paisible, ajouta en se levant :

— Nous serions plus indignes que des Juifs si, sachant ce que nous savons sur l'état de notre pays, croyant ce que nous croyons, nous n'avions pas fait d'abord le sacrifice de notre peau. Nous l'avons déjà montré un certain nombre de fois. Pour n'importe quelle mission, nous serons cent, nous serons mille. L'ordre donné, rien ne peut nous arrêter. Si le roi Carol est en vie, c'est parce que nous le voulons bien.

III. Une dictature judéo-monarchique ?

J'ai essayé dans mon dernier article de suggérer brièvement l'atmosphère de fanatisme que l'on respire dès que l'on a découvert un des innombrables « nids » de la Garde de Fer, exaltée encore par les persécutions qu'elle subit. Je dis bien « persécutions » parce que c'est le seul mot qui convienne à cette furieuse offensive policière, à ces arrestations massives, ces jugements de cours martiales, ces tortures méthodiques, sans parler de tous les fonctionnaires cassés sur un simple soupçon. J'ai pénétré dans plusieurs de ces « nids », j'ai pu voir qu'ils étaient animés d'une vie prudente, mais active, qu'aucune des lois prévues par l'excellent organisateur qu'a été Codreanu n'avait sérieusement souffert. Mais nous avons tous lu ces reportages mystérieux des journaux de Moscou, nous décrivant avec orgueil la survivance du *Rote Front* au beau milieu de l'Allemagne hitlérienne, de l'antifascisme en pleine Italie, dénombrant les cellules secrètes des communistes, reproduisant les journaux clandestins. Les légionnaires traqués de Roumanie ne sont-ils pas rayés de la politique européenne aussi parfaitement que ces conspirateurs en cave de Milan ou de Berlin ?

Je répondrai simplement ceci. Si la Garde de Fer, pourchassée par une police adroite et brutale, décimée par les tribunaux, demeurait réduite à ses seules forces, quelle que fût son ardeur et le nombre de ses militants (ils sont plusieurs centaines de mille), elle finirait par se disloquer et, sinon par succomber, dans tous les cas à devenir pour longtemps négligeable. Mais tandis que les marxistes italiens ou allemands sont noyés dans des peuples aveuglément soumis à un chef, presque tous les Chrétiens du pays roumain sont sourdement révoltés contre les oppresseurs de la Garde, et cette dernière trouve partout des complicités, des encouragements plus ou moins avoués. Je l'écris parce que j'ai pu en acquérir la certitude, après de longues investigations.

Il m'est impossible de citer ici des noms. La police de M. Calinesco, ministre de l'Intérieur du cabinet Miron Cristea, ferait payer cher mon imprudence à ceux qui les portent. Mais en six semaines, j'ai vu des hommes de toutes les classes, des personnages fort connus à l'étranger, qui ont illustré l'armée, l'université, la politique roumaines, des officiers d'à peu près tous les grades, des juristes, des professeurs, des employés, des étudiants, des médecins, des petites gens aussi de la ville et de la campagne. J'avais déjà, avec certains d'entre eux, d'assez nombreux liens d'amitié. On a bien voulu m'introduire auprès des autres de façon à ce qu'ils n'aient rien à me cacher. J'ai rencontré en tout et pour tout deux hommes satisfaits du nouveau régime roumain : un vieux magistrat et un jeune ingénieur, ce dernier élevé dans des collèges anglais d'où il avait rapporté tous les poncifs genevois et puritains, et qui déclarait, par ailleurs, indispensable à la dignité humaine une nouvelle guerre du droit pour la défense de la Tchécoslovaquie.

Parmi les autres Roumains, sans doute n'y avait-il pas seulement des codreanistes. Mais je n'en ai pas entendu un seul qui ne fît contre la politique du roi Carol un réquisitoire violent ou attristé.

Codreanu devant les politiciens

Je passe sur des manifestations charmantes, d'une valeur sentimentale qu'il ne faut du reste pas dédaigner : ces jeunes femmes que le courage et la belle figure de Codreanu ont enflammées, ces lycéennes, ces collégiennes de quatorze ans qui ont l'insigne de la Légion cousu à l'intérieur de leur robe et peuvent vous réciter par départements les chiffres de tous les électeurs du parti. Il y a autour de la Garde toute une poésie féminine et juvénile qui n'est pas son moindre atout. Mais ce n'est évidemment pas au milieu de ces gracieuses et frénétiques passions que l'on peut trouver un commentaire raisonnable à l'activité politique du Capitaine et aux malheurs qui ont fondu sur lui. Il faut laisser parler d'abord les Roumains qui n'ont jamais été ouvertement codreanistes, tout en l'ayant beaucoup approché, conseillé, aidé : d'anciens membres du parti Goga, des maurassiens (ils sont nombreux), des antisémites militants de toute obédience ou même des Transylvains appartenant à la droite des nationaux-paysans.

Tous sont d'accord sur les dons physiques de Codreanu, ses qualités d'entraîneur, de créateur méthodique, en même temps que d'apôtre, enfin sur son patriotisme et son absolu désintéressement. Son sens politique est jugé plus différemment. C'est un jeune Transylvain, ancien collaborateur de Goga, qui m'a le mieux expliqué la situation cruellement paradoxale de la Roumanie actuelle : un pays où tous les partis de droite, c'est-à-dire les plus vigoureusement monarchistes, sont reniés et brimés par la volonté du monarque lui-même. Il n'y a pas, en effet, un seul nationaliste roumain pour mettre en doute la nécessité de l'institution royale. D'où l'origine de certaines des critiques les plus sévères adressées à Codreanu.

Codreanu a toujours été monarchiste. Il l'a affirmé lui-même sans équivoque : « Au-dessus des nations, au-dessus de l'élite, se trouve la monarchie. Je repousse la République. On a vu dans l'histoire de bons monarques, de très bons, de faibles ou de mauvais. Mais la monarchie a toujours été bonne. Il ne faut pas confondre l'homme avec l'institution en tirant de fausses conclusions » (page 399 du livre *Pour les Légionnaires*).

Malheureusement, cette distinction est-elle à la portée des innombrables paysans qu'a conquis Codreanu ? Plusieurs monarchistes roumains ne le pensent pas. Ils craignent que, pour des esprits très simples, la personne du monarque ne soit inséparable de l'institution, qu'ils ne se détachent de cette dernière lorsqu'ils se mettent à douter du roi. Ces monarchistes n'ont aucune illusion sur les défauts du roi Carol. Mais ils regrettent que Codreanu ait trop souvent fait son procès publiquement.

Un autre reproche, celui de démagogie, me semble plus anodin, parce que je l'ai entendu dans la bouche de concurrents électoraux du Capitaine. Codreanu y était presque forcé en portant la lutte sur tous les terrains, y compris le Parlement. Si la fin, en l'occurrence, ne justifiait pas quelques moyens un peu gros, toute action politique serait interdite. Les quelques sacrifices oratoires de Codreanu pèsent bien peu à côté des promesses du plus conservateur de nos candidats. Le Capitaine n'a jamais cédé un jour sur les principes de hiérarchie sociale et de travail de son catéchisme.

C'est devant une bibliothèque pleine des livres de Bainville, sous un portrait de Maurras dédicacé à mon interlocuteur, dont je n'ai pas besoin de préciser davantage l'ardente et entière francophilie, que nous avons le plus longuement discuté le « germanisme » de Codreanu.

« Codreanu, que je connais fort bien, que j'estime infiniment, dont le martyre me navre, m'a-t-on dit, a commis une faute lourde, indiscutable. Il a déclaré devant témoins que, lui au pouvoir, la Roumanie entrerait aussitôt dans l'axe Rome-Berlin. La circonstance atténuante, c'est qu'il a tenu ce propos peu de temps après le voyage de votre ganache de Delbos, les affreuses manigances moscovites de votre Front populaire où nous redoutions de nous voir entraînés. Il n'en reste pas moins que Codreanu a violemment choqué ce jour-là les sentiments de la majorité des Roumains. Vous connaissez assez notre pays pour savoir le prestige spirituel que vous y conservez malgré tout. La petite Roumanie d'autrefois, la grande Roumanie d'aujourd'hui, ont été faites d'abord avec l'appui de la France. Il serait trop ingrat de l'oublier. Nous n'avons point un seul point commun avec les Allemands. Codreanu a péché par une légèreté fort impolitique. Même s'il a pu avoir un semblable projet, il ne devait pas le dévoiler. Il savait très bien qu'il serait aussitôt en opposition avec ses plus solides, ses plus sages partisans. Le petit clan des légionnaires admirateurs de l'Allemagne n'a jamais eu grande importance. Croyez bien que Codreanu a été, après cette gaffe, sévèrement et vigoureusement chapitré ! Mais il avait donné une arme à ses adversaires. Les Juifs s'en sont servi chez vous surtout impitoyablement pour l'écraser. Ici, ils l'osent moins, car nous savons très bien à quoi nous en tenir. Les plus féroces adversaires de Codreanu, et Dieu sait s'il en a, et de puissants, n'ont jamais pu apporter le commencement d'une preuve à ses relations avec le Troisième Reich. Codreanu savait parfaitement qu'en acceptant le moindre appui de l'hitlérisme, il condamnait la Garde. Il n'avait du reste aucun besoin de cet appui. Les finances de la Garde étaient florissantes, grâce aux cotisations, à quelques hommes qui ont sacrifié pour elle leur fortune, aux coopératives très prospères que Codreanu installait partout. Quant à la croix gammée, vous savez que Cuza en a fait l'insigne de son parti vingt-cinq ans avant Hitler et qu'on la trouve dans nos plus vieux tapis.

« Mais les Juifs jugent tout d'après leur redoutable internationale. Il ne leur apparaît pas que les Chrétiens puissent pratiquer autrement. »

Tout ce qui précède m'a été confirmé par nos meilleurs amis de la Roumanie, des chefs militaires, des hommes de lettres, des savants qui écrivent notre langue couramment, qui n'ont jamais oublié le terrible traité de Bucarest que leur imposa l'Allemagne. Je ne vois aucune raison de les contredire pour croire les journalistes marrons, les échappés de ghetto, les faussaires et menteurs professionnels.

J'avais été très surpris pour ma part qu'après avoir dépensé tant d'énergie pendant des années, Codreanu n'ait pas exploité avec plus de vigueur son succès électoral de l'automne 1937. Je me demandais si cette vue n'était pas celle d'un étranger imparfaitement renseigné. Mais je l'ai trouvée confirmée par un grand nombre de Roumains, n'appartenant pas, bien entendu, à la Garde, où la discussion n'est pas permise. Il semble bien que, par deux fois, Codreanu ait laissé passer l'heure où il pouvait triompher à la façon de Mussolini, en imposant sa politique au roi et à la nation : avant la constitution du ministère Goga, et à sa chute. La voie était libre, ses troupes largement suffisantes derrière lui, l'armée aux trois quarts acquise, la police très ébranlée.

Codreanu, l'homme qui abattit froidement le préfet Manciu, qui fit mitrailler les traîtres de son parti, a-t-il hésité à la dernière minute devant une effusion possible — nullement fatale — de sang ? Cela est vraisemblable. Il s'y est joint aussi plusieurs fautes de tactique politique. Codreanu n'eut pas une confiance suffisante dans ses propres forces, dans la nouveauté de ce qu'il apportait. Logiquement, il eût dû s'allier au parti national-chrétien de Goga, qui trouvait ainsi l'appoint d'une immense masse populaire. Les codreanistes assurent qu'il devina un piège, et la suite leur donne raison. Mais la présence active du Capitaine n'eût-elle pas justement éventé ce piège ? Les partisans de Goga se demandent si Codreanu n'a pas répugné à partager le pouvoir. Bref, Codreanu, après une longue série de succès, aurait marqué quelque indécision. Après avoir imprimé à son parti un élan magnifique, il aurait été surpris et plus ou moins dérouté par les intrigues des politiciens professionnels.

Mais ses familiers eux-mêmes reconnaissent qu'il y a eu sans doute dans son attitude plusieurs inconnues. Et l'homme jouit toujours d'un si grand prestige que de nombreux Roumains, nullement fanatisés, finissent par se demander s'il n'a pas vu plus juste que tous les patriotes impatients en se refusant à une « marche sur Rome » peut-être prématurée, peut-être difficile, et dont les objectifs seront atteints avant peu, plus naturellement, sans aucun danger pour le pays.

« Monsieur Popesco »

Au bout de trois semaines de mon séjour en Roumanie, j'avais une notion suffisamment claire de l'état d'esprit du pays. Mais je m'inquiétais de la grande difficulté, pour un journaliste consciencieux, de démêler la légende et la vérité dans les propos violemment colorés que je recueillais partout sur le nouveau régime. Je m'en ouvris à un ancien confident du roi en disgrâce (le cas est si fréquent qu'il ne peut constituer un signalement !). Il s'agit d'un homme de premier ordre, qui a vécu dans les coulisses de quatre ou cinq États, d'un esprit européen au sens que ce mot pouvait avoir il y a deux siècles. Il me fit cette réponse assez surprenante : « Croyez tout. Car même si ce que vous entendez est inexact dans la lettre, c'est le reflet de turpitudes, de scandales bien plus répugnants encore que ce que le public connaît. »

Je n'ai pas suivi ce conseil, et j'écarterai de ce reportage maintes révélations d'un pittoresque effrayant, mais par trop incontrôlables. Je veux simplement indiquer la terrible impopularité du roi Carol par quelques anecdotes qui sont la monnaie courante des conversations roumaines. Pour éviter de frapper trop vivement les oreilles ennemies, on désigne d'habitude le souverain sous le nom de « M. Popesco », un des noms les plus répandus là-bas, l'équivalent de M. Martin chez nous.

Dans l'enthousiasme qui avait salué en 1930 le retour soudain de « M. Popesco », dans les espoirs que l'on fondait sur lui, on avait enterré bien volontiers tout son passé. On s'en souvient aujourd'hui. On rappelle, et cela semble malheureusement certain, qu'il fit parler pour la première fois de lui en abandonnant en pleine guerre la brigade de chasseurs dont il avait le commandement pour aller se cacher avec une femme à Odessa qu'occupaient les troupes allemandes. On ne dissimule plus qu'il fut le premier responsable, par son divorce, par ses caprices, de la grave crise que la dynastie subit à la mort de l'honnête roi Ferdinand.

On assure que moins de huit jours après la mort de sa mère, il a installé sa maîtresse, la Pompadour de ghetto Lupesco, dans la résidence favorite de la défunte souveraine, le charmant château de Balcic. Or, la reine Marie, qui fut si belle et si vivante, avait l'affection de toute la Roumanie.

Les brutalités policières fournissent naturellement des récits atroces. En voici un au hasard. L'an dernier, Bucarest tout entier faisait de splendides funérailles aux deux légionnaires tombés sur le front d'Espagne, Marin et Motza, beau-frère et chef d'état-major de Codreanu. Motza est devenu un héros national. La police n'en a pas moins perquisitionné chez sa veuve récemment. Elle y trouve une enveloppe, le testament de Motza à son fils, avec cette inscription : « À mon fils, pour qu'il l'ouvre quand il aura dix-huit ans. » Les flics s'en emparent : « Ce sont, dit Mme Motza, les dernières volontés d'un homme qui est mort en brave. Je ne veux pas vous les dérober. Mais ouvrez au moins ce pli pour que nous sachions ce qu'il disait. » On la repousse, et l'enveloppe est brûlée devant ses yeux.

Sans doute, la grossièreté, les basses vengeances des argousins sont seules en cause dans de pareilles scènes. De pareilles cruautés sont fatales lorsqu'on laisse à la police la bride sur le cou. Mais, justement, l'on reproche au régime d'avoir institué cette tyrannie d'une police au préalable méticuleusement « épurée ». L'imagination toujours bouillonnante des Roumains se saisit de ces traits, vrais ou faux, et ce sont autant de nouveaux coups portés à la personne royale.

Le bagnard

Le parallèle est facile entre ce souverain qui a perdu à ce point la confiance de son peuple, et le prisonnier aux cheveux ras, vêtu de l'habit de bagne. Toute la Roumanie s'y emploie, et voici ce que l'on peut entendre au hasard de n'importe quelle rencontre où l'on est sûr de ne pas être trahi. Il est bien compris que je ne rapporte ces propos qu'à titre documentaire, tels que je les ai enregistrés et sans me permettre d'appréciations personnelles.

Codreanu a sans doute commis des erreurs. Mais le premier, il a osé franchement débrider les plaies roumaines, incriminé les vraies causes des maux roumains : le scepticisme, la vanité mal placée, les accommodements avec les formes multiples d'une corruption née sous le despotisme des Turcs et de leurs agents levantins, entretenue depuis par les Juifs, maîtres de tout le capital du pays, rémunérant partout leurs esclaves.

Beaucoup d'hommes politiques, depuis la guerre, ont annoncé dans d'autres pays leur volonté de faire une révolution morale. Ce fut la plupart du temps pour masquer leur lâcheté, l'inexistence de leurs programmes. Codreanu, dans un pays de juristes, d'orateurs nés, où l'on se paye incroyablement de mots, a prêché lui aussi cette révolution, parce qu'en effet, aussi bien en France, en Belgique, en Espagne qu'en Roumanie, elle est le fond de tout. Mais ce Chrétien mystique, que l'on a souvent décrit comme une sorte d'illuminé, est passé incontinent à l'action.

Lorsque les Roumains de la bourgeoisie, fonctionnaires, officiers, journalistes, ont convenu en souriant de leurs défauts, des concussions, des bakchichs au milieu desquels ils se meuvent sans illusions mais aussi sans répulsion réelle, et cela pour le plus grand mal de leur pays, ils concluent : « Ah ! si vous connaissiez nos paysans ! Ils sont sobres, honnêtes, prolifiques, religieux, ils sont dix-huit millions. La vraie Roumanie, c'est eux. » Mais les Roumains contemplent leurs paysans de loin, en touristes. Codreanu, « l'homme de la forêt », entraîna les jeunes bourgeois des universités chez les laboureurs et les pâtres, il leur fit partager leurs peines dans des croisades épiques. La Garde, telle que l'a conçue Codreanu, ce n'est pas seulement la destruction d'un parlementarisme vermoulu, la prise du pouvoir par une faction plus jeune et plus hardie. C'est la réaction contre cet aveuglement volontaire du citadin roumain, gourmet, coquet, médiocrement scrupuleux, qui feint de ne pas voir, à chaque détour de rue, tant de pauvres bougres haillonneux, tant de débris misérables d'une race belle et saine ; qui veut ignorer tous les villages rongés par le scorbut, par des famines quasi chroniques, désordres paradoxaux sur un des sols les plus fertiles du continent. Il ne s'agit pas seulement là de pitié, mais de conservation d'un précieux matériel humain.

La Garde veut encore abolir le contraste si vite irritant entre les officiers pétaradants, caracolants, étincelants d'ors et de cuirs vernis, et ce lamentable prolétariat militaire, ces malheureux conscrits affamés, sans semelles, loqueteux au point que trois culottes superposées n'arrivent pas toujours à leur couvrir les fesses, ces ordonnances innombrables, mises comme des vagabonds, rouées de coups, dormant trois heures par nuit dans les plus somptueuses villas sur un tas de chiffons, dévorant au hasard de leurs corvées un morceau de « mamaliga » pliée dans un vieux journal. Est-ce de la démagogie que de dénoncer cela, que d'affirmer qu'il n'y a pas d'armée là où le soldat ne peut avoir la fierté de son uniforme et la foi dans la justice de ses chefs ? Codreanu est peut-être une sorte de mage. Mais dans ce cas, il faut admirer bien plus encore le caractère prodigieusement pratique de tout son apostolat.

Les deux grandes classes de la société roumaine s'ignoraient ? Il les fond, non pas dans des meetings dérisoires, mais dans une tâche commune, réelle. On montre à Bucarest une maison que la Garde n'eut malheureusement pas le temps d'achever, où un ancien ministre, un ancien gouverneur de la Banque Nationale comme le professeur Manoïlesco, l'auteur d'un des plus beaux livres que l'on ait écrits sur le corporatisme de nos jours, apportait la brique et le plâtre, aux côtés d'un cordonnier ou d'un paysan.

Codreanu, sans cesse, veut aller aux besognes urgentes, indispensables au pays, tout en poursuivant son œuvre spirituelle. De 1935 à 1937, plus de cent mille légionnaires, répandus à travers toute la Roumanie, y construisent deux cents églises, dix mille maisons pour les indigents, relèvent ou créent des centaines de ponts. Et s'ils n'ont pas pu édifier les digues, tracer toutes les routes si nécessaires qui sont dans leurs programmes, c'est que la gendarmerie, aux ordres des prébendiers des Travaux publics, décharge ses mitrailleuses sur eux.

À l'antisémitisme vigoureux mais désordonné de la tradition roumaine, Codreanu substitue l'antisémitisme positif. Aux trusts ruineux des Juifs, la Légion oppose le monopole de ses coopératives, dont tous les bénéfices vont à la caisse du parti, qui vend à bon marché des produits excellents et connaît un succès inouï.

La propagande marxiste s'infiltre chez les ouvriers. Le gouvernement dépêche des troupes, frappe au hasard. Codreanu, lui, préfère conquérir les grévistes, les gagner bientôt à la Légion, et tuer le communisme dans l'œuf.

« Voyez-vous, me disait un Roumain expansif et lettré dans un accès de colère lyrique, quand je pense à ce que l'on fait subir à un tel homme, je me dis les *Iambes* de Chénier : *Toi, Vertu, pleure si je meurs.* »

Le Monarque et ses hommes

Quels exemples, quelles œuvres le roi peut-il opposer à son prisonnier ? En fait de « révolution morale » il a répudié son épouse, compromis la couronne. Dans le pays le plus foncièrement antisémite du monde, il a choisi une maîtresse juive, qui a peuplé le palais de ses espions.

On déplore l'ingérence dans les affaires d'une poignée de politiciens qui entravent toute œuvre sérieuse ? Mais le roi est le premier homme d'affaires du pays. Il a d'énormes intérêts, notamment dans les plus grandes usines métallurgiques, « Resitsa » ; elles sont pleines de ses créatures, le très suspect Malaxa, le Juif Max Auschritt.

La spéculation juive est maîtresse des capitaux. Elle a avili la monnaie. Les entreprises chrétiennes s'efforcent de la battre en brèche. Mais les hommes aux ordres de la Cour mènent la lutte contre les financiers chrétiens. Le roi protège personnellement le spéculateur juif Marmorosch, de la Banque Marmorosch-Blank, l'un des plus gros établissements du pays. Afin de soutenir Marmorosch, il lui ouvre des crédits sur le Trésor public, la dernière fois pour deux milliards. Quelques semaines après, Marmorosch saute, laissant un passif qui ruine des milliers d'épargnants roumains, mais plaçant en Suisse une énorme fortune.

Cependant, un monarque peut être sensuel à l'excès, chérir l'argent, mal choisir certaines de ses amitiés, mais accomplir un grand règne quand il trace à la nation la voie politique qui est la meilleure pour elle, et quand il le sait. Des erreurs de jeunesse, si lourdes soient-elles, peuvent disparaître auprès de tels bienfaits. On ne déniera pas à Carol II l'intelligence. Il a certainement deviné tout ce que la Garde de Fer apportait de précieux au pays. Sans l'encourager, tout en donnant même contre elle beaucoup de gages à certains de ses ministres, il l'a tolérée pendant longtemps. Les meurtriers de l'assassin Duca, par exemple, n'ont subi que des peines légères. Le roi semble bien prêt d'utiliser cette force qui monte, entraîne peu à peu le pays, gagne les rangs de l'armée, ne s'arrête qu'à la tourbe des hauts fonctionnaires.

Mais la juiverie a vu le danger. Si le roi et la Garde fasciste s'unissent, la Roumanie est nationaliste pour jamais, et en un tour de main, elle aura reconquis ses biens et sa liberté sur Israël. Ici, nous entrons dans le domaine des conjectures. Mais c'est la seule explication satisfaisante à ce drame confus. Un complot juif et maçonnique, où Prague pourrait bien avoir joué son rôle, où New York, Londres et Paris sont manifestement intervenus, va rompre les ponts entre le roi et la Garde.

Toutes les armes sont bonnes. Il faut dire les choses telles qu'elles sont : les Juifs, maîtres en corruption, tiennent le roi par l'argent et par les femmes. Ils ne négligeront pas cet atout. Ils insinueront même, dit-on, que le roi, parce que dernier des Hohenzollern régnants, serait directement visé par Hitler, ayant la Garde pour instrument ! Ils menacent le pays d'un blocus financier qui pourrait compliquer, en effet, la révolution nationale de Roumanie. Ils auront bientôt gain de cause auprès du roi.

Nous revenons dans le domaine des événements certains et contrôlables. Tandis que la Garde remporte sa victoire aux élections, qu'une transformation radicale de la politique roumaine paraît imminente, le roi est déjà résolu à ruiner tous les partis nationaux du pays. Sa manœuvre, favorisée, on le répète, par les tâtonnements de Codreanu, est habile. Pour discréditer les nationaux, le roi appelle au pouvoir les plus faibles, les partisans du Transylvain Goga. Il les laissera retourner leurs cartes, sûr qu'ils perdront. Goga est personnellement un esprit éminent, un homme intègre, un poète remarquable. Mais la poésie ne remplace pas l'expérience du pouvoir. Le premier acte de Goga est pour édicter un statut antisémite, excellent en soi, mais prématuré, beaucoup trop catégorique, surtout pour un ministère mal assis. Les Roumains, d'abord émerveillés, déchantent bientôt en voyant que le nouveau gouvernement fait comme les autres la chasse aux emplois, bouleverse inutilement les cadres de fonctionnaires chrétiens. Quelques louches personnages ont été imposés à Goga. Un de ses ministres s'affiche avec des potentats juifs. Enfin, un traître, le borgne Calinesco, est au ministère de l'Intérieur et organise un peu partout la besogne des agents provocateurs. Rien ne ressemble moins à un gouvernement de rénovation.

Le roi peut donc renverser Goga sans heurter violemment l'opinion. Il est résolu à en user très cavalièrement avec les derniers débris d'institutions démocratiques. Il exercera son pouvoir personnel, avec un conseil restreint. Rien ne devrait combler davantage les vœux de la Roumanie monarchique.

Mais la Roumanie est aussi antisémite, antimaçonnique, et Codreanu lui a montré, matériellement et spirituellement, ses devoirs les plus urgents. En abolissant les partis, en mettant fin à l'ère des bavardages, le roi a certainement soulagé la nation d'un gros abcès. La campagne pour l'hygiène rurale qu'il fait entreprendre répond à de sérieux besoins.

Mais la Roumanie reconnaît avec consternation, auprès de lui, quelques-uns des individus les plus funestes de son personnel politique. Imaginons un monarque gouvernant avec un Chautemps, un Sarraut, un Reynaud, un Jouhaux. Le maçon Calinesco à l'Intérieur et à l'Instruction publique est un petit tyran policier qui a promis au roi de le débarrasser dans les trois mois de la Garde et qui emprisonne à tour de bras l'élite de l'enseignement, de l'armée, de la magistrature. Ralea, au Travail et aux Assurances sociales, est un communisant, un germanophile de 1914, un insulteur de Mussolini dans le journal extrémiste *Dreptea*, dont il avait été le fondateur. Ghelmeciano, aux Travaux publics, a les mêmes origines.

Les réformes administratives aboutissent à placer à la tête des nouvelles divisions provinciales des résidents royaux dont les attaches maçonniques et juives sont avérées.

C'est une fois de plus une bande, lourde de méfaits passés, et d'autant plus redoutable qu'elle a, cette fois, tout le pouvoir dans ses mains.

Quant à la question juive, rien n'indique mieux la politique tortueuse adoptée par le nouveau régime, décalquée sur les motions d'un congrès radical français. Il importe de donner quelques menues satisfactions au pays. Les lois de Goga ne sont pas formellement abrogées. Mais l'une des plus utiles, celle sur la presse judéo-marxiste, est tournée avec une désinvolture cynique. *L'Adeverul* et le *Diméneatsa*, les anciens journaux de Titulesco, ont tout juste eu la peine de changer leur titre, en *Semnalul*, et sont imprimés dans le même immeuble, ont gardé tous leurs collaborateurs. Dix autres organes juifs prospèrent avec la même insolence.

Les journaux nationalistes roumains ou étrangers sont férocement proscrits. Mais les feuilles rouges de Prague, de Moscou, de Paris, *Huma* et *Popu* en tête, peuvent se répandre librement. Dans la presse officieuse, Blum est régulièrement cité comme une des voix les plus autorisées de France.

À quelques vagues manifestations d'antisémitisme verbal, succèdent des assurances données aux Juifs et suivies aussi d'effets. Le patriarche Miron Cristea lui-même se prête à la manœuvre. Les avocats, les fonctionnaires juifs destitués sont réintégrés avec paiements d'indemnités. Une liste de plusieurs centaines de médecins juifs marrons, frappés d'interdit, est toutefois publiée et donne une fière idée de la manière dont la profession était protégée. Mais l'interdit, assure-t-on, est de pure forme et dans la majorité des cas, le droit d'exercer peut être racheté facilement.

Israël respire, et après sa verte colique de l'hiver précédent, retrouve une arrogance accrue. Mais il sait manifester à qui de droit sa gratitude. Il n'est pas une seule des quarante mille boutiques juives de Bucarest qui n'affiche en belle place le portrait du roi Carol II.

La Roumanie aux Roumains

Nous avons fait le tour de l'opinion roumaine. C'est au voyageur français à reprendre cette fois son carnet de route.

Même s'il ignore tout des chiffres des statistiques, même s'il a été tout surpris d'apprendre que Mme Marie Dubas, par exemple, n'était pas chrétienne, ce voyageur ne peut faire quelques centaines de kilomètres en territoire roumain sans découvrir le problème juif. Irait-il en Pologne qu'il arriverait vite à un identique résultat. Il n'y a pour ainsi dire pas d'exemple de Français ayant vécu dans le fameux « triangle » juif de l'Europe centrale (Drumont avait pour cette figure géométrique un mot beaucoup plus précis) qui n'ait grossi très vite les rangs de l'antisémitisme universel.

Il y aurait une œuvre pie à remplir : ce serait d'offrir un circuit Budapest-Bucarest-Varsovie à deux ou trois cents agents électoraux du Tarn et de l'Aude, maçons, socialistes, peu importe, pourvu qu'ils soient bien de leur terroir. Vous verriez si M. Grumbach et M. Léon Blum seraient réélus dans ces secteurs-là.

Au ghetto

Beaucoup de touristes, à Bucarest, ne vont pas plus loin que la rue des Lipscani, qui s'ouvre dans la Calea Victoriei, et repartent stupéfaits de la youtrerie qu'ils ont frôlée. La descente des Lipscani est, en effet, fort instructive. C'est une des citadelles européennes du calicot juif. La surenchère des enseignes pendant par centaines au-dessus des trottoirs lui donne un air presque chinois. Le Juif, bondissant d'un monceau de camelote, vient nous agripper jusqu'au milieu du pavé. Les seuls commerçants aryens autorisés, dans cette voie bénie de Jéhovah, ce sont les aveugles qui vendent sur un tabouret au coin des portes des boutons et des lacets de souliers.

Pourtant le Juif des Lipscani, qui développe en souriant prudemment ses coupons aux pieds des plus jolies femmes de Bucarest, est déjà frotté, sûr de lui, prêt à prendre de l'air. Il porte des complets de draps plus ou moins anglais et des cravates à pois. Il est gonflé d'espoirs. Il les a inscrits sur sa boutique. La hantise de Paris y est surprenante. Ces devantures bondées de soie artificielle se nomment en français : « Au monde élégant », « La Vie parisienne », « Mon goût », « Au chic de Paris ». J'ai même relevé un « *Sicut Parisiani* ». M. Étoile du Matin et M. Joli-Garçon, ou si vous préférez M. Morgenstern et M. Hubschmann, tirent leurs plans pour rejoindre le cousin de la rue du Sentier. Ce sont déjà des Juifs amis de la France, prêts à pondre des rejetons dans toutes nos antichambres de ministères. On verrait presque aussi bien chez nous au Village suisse qui avoisine l'École militaire, au marché Saint-Pierre à Montmartre, à n'importe quel carrefour de la rue Réaumur. Le malaise encore un peu vague du Chrétien dans les Lipscani tient à la multiplicité de ces gestes crochus qui lui barrent le chemin. Cela suffit aux gens pressés et de nez délicat. Ils ont tort.

Bucarest, je l'ai dit, n'est pas, pour sa latitude, une ville trop mal tenue. Avec la misère qu'elle abrite, il s'en faut cependant qu'elle soit partout nette comme une place flamande ! Et les Tziganes ont beau être de très purs Aryens blancs, lorsqu'ils s'emparent d'un coin de faubourg, les bouges où ils croupissent se font sentir de loin.

Cependant, même après toute cette pouillerie, quand on pousse un peu plus loin que les Lipscani, jusqu'au quartier de Dudesti, il semble que l'on ait brusquement changé de monde. L'air est irrespirable. Une espèce de fièvre perpétuelle agite la poussière. Ce ne sont pas seulement les éventaires gluants des fabricants de beignets, les ignobles relents de graisse ou de carpes pourries qui nous lèvent le cœur, mais ce chaos général qui déroute, qui exaspère. Nul pittoresque, mais une abominable sordidité, faite de tous les déchets d'industrie de notre époque, qui viennent se briser, se rouiller là, et serviront encore aux tractations frénétiques des cent cinquante mille Juifs du ghetto de Dudesti dont les visages terreux ou verdâtres n'expriment que de vils sentiments. Comme par hasard, Dudesti est aussi le quartier de la prostitution et vomit à la nuit tombante d'antiques et gigantesques garces, aux trois quarts nues, serves de Juifs depuis un demi-siècle.

Mais le couronnement du voyage, ce sera Cernautsi (Czernowitz). Dans cette capitale de la Bukovine autrichienne, le Juif forme les deux tiers de la population, qui dépasse cent mille âmes. Il est là le maître pour ainsi dire depuis toujours. Il a modelé la ville à son image. Il en a fait une énorme porcherie. J'étais à Cernautsi depuis plus de quatre heures, affamé, éreinté. J'aurais préféré jeûner jusqu'au soir plutôt que d'entrer dans une des horribles échoppes « kascher ». Je tombai enfin sur un humble bistrot chrétien, le seul, je pense, de son espèce dans tout Cernautsi, et qui s'en prévalait sur son enseigne. Il se trouva que le fils du patron, que je ne compromettrai pas, j'espère, car il a encore l'âge où la politique semble bien méprisable, était un petit bachelier roumain aux yeux délurés, parlant à la perfection sept ou huit langues, dont le français et le yiddish. En m'apportant les piments farcis et le fromage, ce gamin de dix-huit ans me débitait du Rimbaud, du Ronsard, du Shakespeare.

Grâce à ce guide inespéré, j'ai pu aller jusqu'au tréfonds du ghetto. Du pied, le plus naturellement du monde, sans y ajouter même un soupçon d'impatience, dans les escaliers fétides, mon bachelier repoussait des ribambelles de marmots. Nous entrions dans des repaires où les Juifs font leurs excréments sur le plancher, dorment, mangent et s'accouplent dans la puanteur de leurs propres ordures.

Je voyais là non plus le Juif en casquette de Budapest, mais le Juif dans son uniforme rituel. Je distinguais sans peine le vieux Juif fidèle à toutes les traditions, portant le bonnet à queue de renard, les bottes, le caftan et la lévite de soie, le petit Juif rabbinique un peu plus évolué déjà, remplaçant le bonnet par le chapeau de velours, et le Juif qui préférera le négoce, qui arbore encore la lévite, mais de « fantaisie », en bleu sombre, ou en gris marengo.

Je reconnaissais sous ces défroques tous nos Juifs peignés et lavés. Ce bedeau de synagogue, à tête d'Arabe négrifié, c'était, ma foi ! M. Herzog, dit Maurois. M. Bergson trottinait, une besace à l'échine, M. Tristan Bernard s'épouillait la barbe, M. Bader suait sous son bonnet crasseux, M. Jean Zay — c'était un vendredi soir — allumait dans une pénombre pestilentielle les sept branches du chandelier.

En dépit de mes opinions bien arrêtées sur la pitié que peut raisonnablement inspirer le prolétariat juif, une misère plus criarde m'arrêtait par instants. Je désignais à mon guide un vieux vagabond plus bossu que M. Mandel, coiffé d'un chiffon gras, les loques d'un pardessus pendant sur ses jarrets confondues avec celles de son fond de culotte : « Celui-là ? me disait le bachelier. Il a un fils à Paris, deux autres au lycée, un magasin dans le centre. Il fait depuis des années le trafic de toutes les devises de l'Europe centrale. »

Dans le café chic de Cernautsi, les Juifs cossus, vêtus en bourgeois, retrouvaient empilée sur les tables la presse juive du monde entier : celle de Paris et celle de Bâle, celle de New York, celle de Budapest.

Faune juive

À Cernautsi, comme dans vingt autres de ses capitales, le Juif vraiment chez lui a d'emblée reconstitué le ghetto. Il n'a pas été capable d'élever une ville. Il n'a pu concevoir qu'une énorme bourgade, incohérente, hétéroclite, inachevée, comme la plupart de ses systèmes, comme toutes ses révolutions. Cela lui suffit largement. Ce nomade n'a pas le goût de la demeure assise. Le gîte le plus crasseux, le plus bourbeux lui sera toujours assez bon pour enterrer son or et attendre la prochaine étape.

Il se fait à plaisir la plus sale et la plus diabolique gueule que puissent porter des épaules humaines, avec ses papillotes huileuses émergeant d'une coiffure toujours grotesque (comment dépeindre l'espèce de képi de carton que les apprentis rabbins portent au sommet de leur crâne ?), avec l'étoupe de sa barbe et ses éternels habits noirs, taillés dans la forme la plus laide, la plus ridicule. Et les plus repoussants, les plus infernaux, ce sont encore ses prêtres, ses rabbins qui distillent sous leurs bésicles la haine du Chrétien, qui commandent à la tête de chaque communauté l'étranglement économique du Chrétien. Le cas d'Isaac Leifer, le rabbin à l'héroïne, n'a plus rien pour surprendre quand on a plongé dans la Palestine de l'Europe. C'est une œuvre pie que de travailler à l'empoisonnement du goy.

Une ville comme Cernautsi confirme par la réalité toutes les notions quelquefois plus ou moins abstraites de l'antisémitisme. La loi de Nuremberg interdisant aux Juifs de prendre des servantes chrétiennes âgées de moins de quarante-cinq ans a fait sourire en France. On y a vu une vexation gratuite. Mais en Pologne, en Roumanie, on sait très bien que les vieux Juifs choisissent dans les plus pauvres villages la petite Chrétienne la plus fraîche et qu'ils l'installent chez eux non seulement comme domestique, mais pour les besoins de leurs fils. Ils éviteront ainsi de se contaminer avec les prostituées des lupanars juifs, à l'usage des Chrétiens.

J'ai toujours trouvé fort puéril de mesurer, à la façon des Nordiques, le degré de civilisation d'un pays au nombre de ses baignoires et des corbeilles à papier de ses jardins publics. Mais à Didesti, à Cernautsi, dans cent autres ghettos de Bessarabie, de Pologne, des Karpathes, il ne s'agit plus de négligences, de la saleté qui accompagne partout la faim. C'est la sanie juive qui pollue tout autour d'elle, l'équivalent dans l'ordre matériel de la pornographie, de l'escroquerie, des falsifications, du marxisme juifs dans l'ordre moral.

Il est impossible de ne pas prendre vigoureusement le parti des malheureux Chrétiens obligés à un pareil voisinage, par exemple de ces beaux paysans roumains de la Bukovine, hauts et droits dans leurs habits blancs brodés, avec leurs yeux calmes et sans détour, que l'on voit décharger les lourds sacs de blé devant l'antre d'un Louis Louis-Dreyfus de village qui jette quelques pièces dans leur bonnet de peau de mouton.

C'est le grand malheur de la Roumanie que d'avoir près de deux millions de ces parasites dans tous les replis de sa terre. J'ai déjà raconté l'histoire de cette juiverie roumaine qui, par-dessus le marché, est d'importation récente. Dans le Vieux Royaume du moins, les Juifs, jusqu'au début du dernier siècle, ne formaient que de minuscules colonies. C'est lorsque la Roumanie obtint de Constantinople la liberté de commerce que les ghettos de Galicie et d'Ukraine lui dépêchèrent leurs premières vagues de conquérants, qui en moins de vingt ans accaparaient le marché nouveau, et le gardaient !

Je ne citerai qu'un seul chiffre. Sur 161 milliards de lei du revenu annuel de la Roumanie en 1936, les Juifs (10 % de la population) en détenaient plus de cent milliards.

Un pays qui vit sous un pareil servage ne peut pas être en bonne santé. Depuis des siècles, le Roumain ne possède pratiquement rien d'un pays comblé par la nature. À l'origine de toutes ses infortunes, de toutes ses plaies, il y a le Juif. Après la guerre, le gouvernement fit une réforme agricole qui depuis longtemps s'imposait : il partagea la terre aux paysans. Ces partages sont toujours délicats. Une période d'adaptation doit suivre. Dans beaucoup de départements, la réforme n'a été que d'un profit insignifiant, parce que les trusts juifs se sont substitués aux grands propriétaires. Ils assujettissent beaucoup plus étroitement le paysan qui reste arriéré dans son travail, qui voit sa pauvre existence réglée par l'agiotage international des grains.

Le bakchich, la prévarication sont en Roumanie presque naturels parce que l'État lui aussi possède trop peu. Le budget devrait être triplé. Mais les Juifs aiment mieux soudoyer les percepteurs que de payer un impôt en proportion de leur richesse. Le percepteur accepte, parce qu'il est lui-même misérablement payé. Un agent de police de Bucarest touche par mois l'équivalent à peu près de cinq cents francs-Daladier. Il lui faut s'assurer avec cela une tenue correcte. Il n'a plus qu'un seul moyen de subsister : abuser de son uniforme. Il a donc fait de la grivèlerie une sorte d'institution. Il entre dans l'auberge de son choix, il boit, il mange et se lève majestueusement. Il a trop de moyens d'inquiéter le patron pour que celui-ci ose lui présenter une note.

Les grands États occidentaux, la France et l'Angleterre surtout, ont englouti dans les finances roumaines des milliards. Leurs épargnants ont été échaudés, et les citoyens roumains n'en ont eu à peu près aucun profit. La juiverie a tout dévoré. Elle se soucie peu d'équiper un pays où, comme ailleurs, elle ne se considère que de passage. Il faut entendre le Juif roumain émigré, né dans quelque sentine puante de Galatz ou de Jassy, cracher son mépris sur ces « infects Balkans ». Le Juif ne songe qu'à arracher à la Roumanie le magot qui lui permettra d'atteindre l'Ouest toujours convoité, Paris, New York, la Californie.

La Roumanie compte sur son territoire toutes les variétés de la faune juive : les sauvages de Bukovine et de Galicie, qui professent que le « goy » est un chien à tête d'homme, les Juifs à tignasses et lunettes d'intellectuels, qui se glissent dans l'enseignement, qui ont colonisé la médecine et le barreau, les Juifs repus qui peuplent le casino de Sinaïa, qui occupent en vainqueurs les palaces et les plages à la mode, les épaisses Juives à perles et fourrures, qui cherchent à singer la charmante et voluptueuse démarche des Chrétiennes et ne sont que d'une caricaturale obscénité.

Tout cela, bien entendu, milite dans un marxisme plus ou moins avéré. Les horribles Juifs de Kichineff — les pires selon les connaisseurs ! — ont connu la révolution de Lénine entre 1917 et 1919, l'époque du triomphe d'Israël dans le bolchevisme. Ils sont tous demeurés communistes militants. Les Juifs de Bukovine, de Transylvanie, qui mouchardaient jadis les Roumains auprès de la monarchie austro-hongroise, ont été dans la Petite Entente les auxiliaires fanatiques de Bénès et de Titulesco.

Ai-je fait assez comprendre pourquoi le Roumain est antisémite comme il respire ? M. Lucien Romier, dans un livre par certains côtés très juste, *Le Carrefour des Empires morts*, a écrit froidement que l'antisémitisme roumain était un produit artificiel des universités. C'est bien l'exemple de ces erreurs monstrueuses d'esprits éminents, renseignés, mais trop habitués à une discipline mathématique, qui se refusent à certaines explications de la vie parce qu'elles leur paraissent trop grossières. Je voudrais bien savoir auprès de quels professeurs les petits Aryens de Bukovine ont appris à jeter des cailloux aux colporteurs juifs qui jouent là-bas le rôle de Croquemitaine !

Une Roumanie nationaliste

Le roi Carol apparaît à l'étranger de passage comme le seul souverain d'après-guerre qui ait décidé d'exercer le pouvoir personnellement. On ne pourra pas lui ôter le mérite de l'énergie, symbolisée dans l'éducation virile qu'il a donnée à son fils, le voïvode Michel, devenu un splendide gaillard. Mais tout considéré, tout pesé, le roi ne fait pas la politique que son pays réclame, qui est devenue vitale pour lui.

Ses institutions pseudo-fascistes peuvent donner le change à un journaliste très distrait. J'ai déjà dit deux mots de ces « *strajers* », sortes de *balillas* en bérets blancs et blouses bleues, qui doivent grouper en principe toute la jeunesse des écoles. Les Roumains font observer ironiquement que les « *strajers* » ne sont qu'une copie des organisations de la Garde, qui avaient le mérite d'être plus nombreuses, d'être animées non point par des décrets-lois, mais par un libre enthousiasme. J'ai passé plusieurs jours auprès de ce que l'on nommerait en Allemagne un camp de « *Führerinen* », c'est-à-dire d'institutrices, de professeurs chargés de répandre auprès de leurs élèves le nouvel esprit. Il y avait là d'excellentes dames de cinquante ans, fort imposantes, qui se voyaient dans l'obligation de coucher sous la tente, de jouer à la balle, de danser dans des rondes, de défiler au son d'une fanfare militaire. Je ne pense pas qu'un spectacle aussi désopilant soit propre à échauffer le sentiment national des jeunes Roumains qui ont très tôt un sens très vif du ridicule.

Dans ce camp de « *Führerinen* », on tenait aussi force discours. Les Chambres peuvent être fermées. Mais l'infatigable éloquence roumaine sévit toujours ailleurs.

J'ai rencontré nombre de ces « *Führerinen* ». Les plus jeunes n'étaient pas mécontentes de ces vacances en plein vent. Mais toutes s'accordaient à reconnaître que si l'institution est bonne en soi, le sentiment national n'y est qu'un prétexte. En réalité, on y exalte la seule dynastie : « Nous y travaillons, me disaient ces jeunes femmes, parce que c'est Codreanu qui a créé les cadres, et qu'il faut les conserver pour le prochain avenir. »

Codreanu, la Garde... quelque milieu que l'on interroge, on les retrouve partout là-bas.

Je vis pour la première fois à Paris, il y a deux ans et demi, trois gardistes sonner à ma porte, amenés par un jeune camarade roumain, un Roumain agréable et classique, bavard, dépensier, vêtu d'un complet crème, d'une chemise rose, d'une cravate azur et de chaussettes mauves. Parmi les gardistes, il y avait un des plus grands noms de Roumanie, un jeune bourgeois et un paysan qui s'était élevé à la force du poignet jusqu'à je ne sais plus quelle licence. Ils portaient de vieux manteaux de cuir, ils vivaient avec mille francs par mois, ils étaient sobres de gestes et de propos. Le plus naïf et le plus fanatique lança même quelques pointes au sybaritisme français parce que nous étions allés chez Weber où l'on est confortablement assis et que je supputais avec une excessive gravité le choix de l'apéritif. Je dois dire que j'ai compris ce jour-là l'opposition entre la Roumanie radicalo-moldave, cultivée, amusante, mais choisissant toujours la pente de la facilité, et une Roumanie inconnue, pleine d'une surprenante mais nécessaire autorité.

Je me suis demandé à maintes reprises cet été jusqu'à quel point le mysticisme de la Garde ne lui avait pas nui, ne s'était pas nuancé à son insu de fatalisme oriental : « Aujourd'hui ou demain, nous ou d'autres, peu importe, pourvu que les événements s'accomplissent. » En attendant, la gabegie s'aggrave dans tout le pays, et il manque à son rôle. De nombreux Roumains m'ont dit : « C'est possible », mais pour ajouter aussitôt :

« C'était indispensable. » Ils connaissent bien leur pays. Ils estiment que dans l'excès de scepticisme où il est tombé, le levain d'une foi même aveugle est une des conditions de son salut.

Pendant que je termine cette enquête, les journaux annoncent que le roi Carol est décidé à renforcer de plus en plus son pouvoir, à concentrer tous les partis patriotes en un seul. Je croyais que les partis étaient officiellement abolis depuis plusieurs mois. Le souverain s'aperçoit-il donc que, malgré les promesses et les sévices de son ministre Calinesco, ils existent encore ?

Mais on apprend d'autre part qu'aucune des mesures prises contre les « fascistes », gardistes ou sympathisants, n'est adoucie. Où se trouvent donc les patriotes dont on nous parle ?

Je ne fais que traduire ici le sentiment général de tous les Roumains que je connais. La Garde s'est peut-être trompée sur les moyens suprêmes de sa politique. Mais elle a fait toucher du doigt au pays ses plus graves défauts. Elle est religieuse, mais elle veut aussi donner enfin aux Roumains la possession temporelle de la patrie si féconde où le destin les a fixés. À l'antisémitisme purement instinctif et désordonné de naguère, elle a substitué la lutte sur le terrain même qu'occupent les Juifs. Je pense pour ma part qu'un mouvement aussi profond, qui fait appel, depuis les adolescents jusqu'aux paysans, aux forces les plus saines et les plus généreuses d'une nation ne peut être étouffé.

Les Juifs auront beau nous affirmer le contraire, je ne vois pas ce que nous, Français, nous aurions à y perdre. Aussi longtemps que les actrices roumaines se feront habiller à Paris, que nous fournirons les Roumains, lecteurs insatiables, en journaux proprement rédigés, en bons romans et en bons livres d'histoire et de critique, notre prestige spirituel n'a rien à craindre là-bas. La grande déception, des Roumains comme de tant d'autres, ce fut les ministères Blum : « La France ! Tomber jusque là ! » — « Chers amis, nous n'avons tout de même pas deux millions de Juifs comme vous. Les aurions-nous, je crois que nous ne les tolérerions pas six mois. » — « Oui, mais nous, nous n'existons que depuis si peu de temps ! Tandis que la France ! Henri IV, Louis XIV, Napoléon, Léon Blum ! »

Espérons sans y croire, hélas ! absolument, que ce n'est plus qu'un mauvais souvenir. Mais si Blum revient au banc d'un de nos ministères, nous pourrons mesurer dans la même journée tous les amis qui se seront séparés tristement de nous.

Quant à la politique extérieure, je ne crois pas que nous ayons à nous féliciter très haut de celle du roi Carol. Il est visible qu'il tient à ménager l'Allemagne, tout en conservant à Londres les crédits juifs de la Cité. Nous voyons la Roumanie rechigner devant le projet d'un bloc polono-roumano-hongrois qui formerait à l'Est la seule sécurité véritable contre le pangermanisme. Pour l'expansion économique des Allemands sur les Karpathes et le Danube, elle est commencée depuis longtemps. Essayez donc d'acheter en Roumanie un produit pharmaceutique, un outil qui ne soit pas « *made in Germany* ». Les Roumains n'y attachent qu'une médiocre importance. Dans une économie enjuivée, que le commerce se fasse par Berlin ou Paris, il ne rentre pas un leu de plus dans leur poche.

Il est très affligeant de laisser partout à Hitler le bénéfice de son antisémitisme, qui sait si bien s'accorder pour l'extérieur avec la finance d'Israël. Ce que la Roumanie attend de nous, c'est un sursaut antijuif qui nous rendrait dans son esprit la place que nous avons conservée dans son cœur.

Pour la Roumanie, nous ne formulons ici qu'un seul vœu : celui de voir chez elle la réconciliation de la monarchie et des patriotes, par-dessus les intrigues abjectes d'Israël. Avec l'âme que sa jeunesse est en train de lui forger, ce magnifique pays du blé et du pétrole peut tenir en Europe le rôle que la nature lui a réservé. Mais à ce prix seulement. Sinon, je redoute qu'il ne doive tendre le cou à de nouveaux esclavages, ou connaître peut-être une fois de plus de hasardeuses et confuses révolutions.

IV. L'assassinat de Codreanu

C'est par ses héros que vit un peuple et non par ses « majorités » lâches et inertes. Pour eux, peu importe de vaincre ou de mourir, car, lorsqu'ils meurent, le peuple tout entier vit de leur mort et s'honore de leur martyre. Ils brillent dans l'Histoire comme des images d'or que le soleil sur les hauteurs éclaire au crépuscule, tandis que sur les plaines, en bas, si grandes, si nombreuses soient-elles, s'étend le voile de l'oubli et de la mort.

Corneliu Codreanu

Codreanu vient d'être assassiné de la plus barbare et lâche façon. Depuis que nous connaissions, dans ce journal, sa vie et son œuvre par des documents directs et non par des mensonges ou des fables, nous savions qu'il appartenait par bien des points à la même famille d'esprits que nous. Sa signature avait paru ici au milieu des nôtres. Dans la Roumanie déchirée par les partis égoïstes, saignée et gangrenée par les Juifs, notre attention et notre estime allait à ce chef ardent, probe, patriote, antisémite, comme elle allait à un Calvo Sotelo dans l'Espagne de 1935.

Dans l'exécution nocturne de Codreanu et de ses compagnons, férocement préméditée, grossièrement et hypocritement camouflée en tentative de fuite (à qui fera-t-on jamais croire que, sur quatorze hommes s'enfuyant au milieu des ténèbres, du brouillard et de la forêt, pas un seul n'a réchappé, même blessé, aux balles des gardiens ?), dans cette exécution, tout est propre à inspirer l'horreur, le dégoût et la pitié. Nous savons depuis longtemps que ces mouvements de la « conscience humaine », comme on dit chez nos ennemis, sont toujours à sens unique, ne sont réservés qu'à des clans, ni plus ni moins que les plus basses faveurs politiciennes. Le massacre de la route de Bucarest a laissé de pierre toutes les belles âmes de droite et de gauche que bouleversait une seule goutte de sang sur la précieuse oreille de Blum. À l'exception d'un libre et généreux article de Léon

Daudet[2], l'on n'a même guère perçu que le soupir mal dissimulé du soulagement d'Israël.

Nous constatons dans ce drame l'indifférence des pleureurs professionnels. Mais il n'est ni dans notre rôle ni dans notre manière de les remplacer devant cette tombe. Codreanu avait déclaré la guerre à la juiverie. Il en avait mesuré plus d'une fois les risques. Dès 1924, alors qu'il était déjà incarcéré, le Capitaine avait appris que la police songeait à le supprimer pendant un transfert de prison, « sous le prétexte qu'il avait voulu échapper à son escorte » (page 225 de son livre *Pour les Légionnaires*). Il est mort à son poste de combat. On ne gémit pas sur le corps d'un soldat. Mais ce qui est atroce, c'est que Codreanu ait été abattu par des balles chrétiennes. Nous n'en sommes d'ailleurs point surpris. Il est rare que les Juifs trempent eux-mêmes leurs mains dans le sang des « goym ». Il faut pour cela qu'ils soient les tyrans et les maîtres, comme dans la Russie de 1918, la Hongrie de 1919, auquel cas leur sadisme ne connaît plus de frein. Mais le chef-d'œuvre de leur couardise, c'est de faire abattre pour leur compte le Chrétien par le Chrétien. Le roi Carol II porte désormais l'épouvantable responsabilité d'avoir été leur instrument jusqu'à l'assassinat.

Les gardistes roumains avaient été avertis, dès le début de novembre, que l'on organiserait le meurtre de leur chef pendant le voyage du souverain à l'étranger. Les ministres seuls eussent été en cause dans cette sordide tragédie. Ils le comprirent et reculèrent. Le roi a été contraint de donner l'ordre lui-même, flanqué de son policier Calinesco.

Il est singulier que le massacre ait suivi si rapidement la randonnée de Carol en Occident. Est-ce à Londres que la Cité juive, bien informée de la popularité indéracinable de la Garde de Fer, lui demanda cette tête ? Dans tous les cas, il serait bien étrange

---

[2] L'article de Léon Daudet, paru dans *L'Action française*, consiste pour l'essentiel en la citation de la fin du dernier des articles des frères Tharaud sur Codreanu parus l'année précédente dans la *Revue universelle* et repris dans l'ouvrage *L'Envoyé de l'Archange*. Nous le reproduisons en annexe. (NDÉ)

qu'il n'ait pas obtenu de l'Allemagne un blanc-seing. Il est impossible qu'il n'ait pas été question de la Garde dans ses entretiens avec Hitler et Göring. Si ces derniers, dans l'autre hypothèse, plaidèrent pour la vie du Capitaine, gagnèrent sa cause en échange de libertés commerciales, et que Carol, sitôt rentré, ait agi contre sa parole, c'est qu'il se trouve donc dans son pays en face d'une opposition plus profonde et plus générale encore que nous ne le supposions.

Nous n'avons pas à juger la politique intérieure de la Roumanie. Nous n'en parlons qu'en qualité de Français.

On nous a assuré que le trépas de Codreanu était pour nous une excellente affaire, que la Garde de Fer était sur le Danube un auxiliaire du Troisième Reich. J'ai fait justice dans un récent reportage de tout ce que ces allégations ont d'aventureux ou de faux. Codreanu avait annoncé devant témoins qu'il songeait à mettre dans son programme la participation de la Roumanie à l'axe Rome-Berlin. C'était en plein Front populaire français, au beau milieu des intrigues russophiles, tchécophiles et genevoises de Delbos. J'ajoute que Titulesco, spéculant sur la profonde amitié des Roumains pour la France, avait annoncé auparavant, en 1933, que la dissolution de la Garde était exigée par Paris.

En dépit de toutes ces circonstances, dans l'état-major même de la Garde de Fer et parmi ses plus fidèles alliés politiques, on reprocha très vivement à Codreanu son propos. La gratitude envers la France, qui fut la créatrice de la petite puis de la grande Roumanie, le souvenir du sauvage traité de Bucarest imposé par l'Allemagne en 1918, pèsent encore davantage là-bas que toutes nos fautes. Tout ce qui a pu se dire ou s'écrire dans l'autre sens tient à la gigantesque machination des Juifs acharnés à défendre par n'importe quel moyen le fief habité par deux millions des leurs qu'ils possèdent de la Transylvanie à la mer Noire. Notre intérêt voudrait que la Roumanie prît place dans une solide barrière opposée en Orient à l'expansion germanique, que l'Allemagne ne devînt pas chez elle la maîtresse absolue de tous les débouchés commerciaux, ne puisât pas un surcroît de force dans ses richesses.

Or, le roi Carol, allié fidèle selon Buré et Kerillis, n'a cessé de soutenir les récriminations allemandes quand la Pologne et la Hongrie établissaient le plan d'une frontière commune. Sous son gouvernement, la pénétration commerciale allemande en Roumanie est chose faite. Tout semble indiquer que le dernier voyage du roi à Berchtesgaden et à Berlin ne fera qu'accélérer cette pénétration. Comment le Reich n'aurait-il pas avantage à composer avec un souverain ondoyant et jouant trois ou quatre cartes à la fois, plutôt qu'à encourager un parti farouchement nationaliste qui ne songerait évidemment pas à délivrer son pays de la puissance juive — premier point du programme de la Garde de Fer — pour le vendre aussitôt à l'étranger ?

Quel crédit accorder au dictateur-roi qui a privé de son commandement, mis aux arrêts, placé sous la surveillance policière le meilleur chef militaire roumain, l'un des très rares qui soient sortis grandis de la guerre, au surplus francophile irréprochable, le général Antonesco ?

La presse aux ordres juifs qui fait l'opinion des démocraties affirmait depuis des mois que la Garde de Fer était liquidée. C'était possible.

Après une longue enquête, je rapportais cependant, au mois d'octobre, la conviction qu'il n'en était rien, que les codreanistes, malgré toutes les rigueurs, ne cessaient de gagner partout d'ardentes sympathies. L'assassinat de la semaine dernière montre que l'on ne m'avait pas trompé. On ne prend pas la peine d'étouffer dans le sang un parti qui n'existe plus.

Nous n'attachons pas à la vie humaine le même fétichisme que la juiverie et que certains surprenants Chrétiens. Il y a des trépas nécessaires au salut d'un pays. Mais si la Garde tua, ce ne fut qu'après des années de martyre enduré sous des ministres maçonniques. Elle n'a jamais cessé d'affirmer sa foi religieuse et sa foi monarchique. Elle ne s'insurgeait que contre un parlementarisme décrépit et corrupteur, contre les domestiques de la juiverie. Elle ne souhaitait que le soutien de la main royale. Elle ne l'a pas eu, et c'est la cause de toute la tragédie roumaine. L'intrigue d'Israël a triomphé.

Comme tous ses triomphes, celui-ci ne peut être qu'illusoire. La dictature royale n'a eu que faveurs pour les Juifs, elle a usé toutes les rigueurs, jusqu'au crime, contre les Chrétiens. Un très prochain avenir nous dira certainement s'il est loisible à un roi de se dresser, pour des fins uniquement personnelles, contre ce qu'il y a de plus pur, de plus généreux, de plus sain dans son pays, alors qu'il avait tout pouvoir pour gagner la confiance de cette ardeur et de cette jeunesse.

L'admirable phrase de Codreanu, inscrite en tête de cet article, définit mieux qu'aucune description la noblesse de ce chef. Où qu'il ait été tué, dans sa cellule, comme à Moscou, ou dans la neige et la nuit, il a certainement vu s'approcher de sa tempe les pistolets des sbires d'un cœur serein et plein d'espoir. Je ne pense plus que l'idéal national et chrétien qu'il a semé dans toute une génération de sa patrie puisse être encore anéanti. Nous tenons pour des héros les intrépides garçons qui, malgré la geôle et les fusillades, redoublent là-bas de fureur contre les Juifs et leurs serfs.

Nous sommes persuadés qu'entre une France et une Roumanie également nationalistes et désenjuivées, la France que nous représentons, qui ne tolérerait pas un instant d'avoir pour ambassadeur à Bucarest un Thierry, marié à la Juive Rothschild, la Roumanie que représente tant de gardistes, la collaboration serait immédiate et féconde sur tous les terrains.

Au milieu du flot de haine et de mensonges qui déferle sur le cadavre d'une victime du judaïsme universel, c'est notre tâche et notre devoir de le répéter ici.

ANNEXE

Le 3 décembre 1938, trois jours après la mort de Corneliu Codreanu, Léon Daudet publiait dans L'Action française *l'article suivant en mémoire du chef roumain.*

L'Assassinat de Codreanu et ses suites

Je vous disais hier que l'assassinat du « capitaine » et fondateur de la Garde de Fer Codreanu, et de treize de ses lieutenants, massacre évidemment concerté, était un événement politique considérable et fort capable, par ses répercussions, de déchaîner soit une guerre civile, comme celui de Calvo Sotelo, soit, comme celui de l'archiduc Ferdinand, une guerre européenne. Codreanu était, en effet, le chef de l'antisémitisme roumain, qui a d'anciennes et de profondes racines dans le pays, et l'on ne manquera pas d'attribuer son trépas à une conjuration d'Israël et de personnages officiels importants de Roumanie. Les dépêches tendancieuses d'agences contrôlées par des Juifs donnaient déjà, avant-hier matin, la victime comme ayant mérité son sort par sa violence et sa férocité. Mais ceux qui voudront connaître la vie ardente et risquée de cet extraordinaire personnage, en qui vivait une âme de chef, devront consulter la série de cinq fulgurants articles des frères Tharaud, spécialistes de la question juive, parus dans la Revue universelle, du 1er octobre au 1er décembre dernier, et où se retrouvent les dons de précision, la verve documentaire des auteurs de *Quand Israël est Roi*. Ces articles sont intitulés l'*Envoyé de l'Archange*, Codreanu ayant placé ses actes, quelquefois sanglants, sous l'invocation de l'archange saint Michel.

Je citerai ici la fin de cette extraordinaire étude devenue, du fait de l'affreuse tuerie, d'une si brûlante actualité. Il s'agit du procès monstre qui valut récemment à l'accusé une condamnation à dix ans de travaux forcés :

> *Dans son réquisitoire, le procureur général... développa ces trois thèmes : trahison, rébellion contre l'État, machinations contre l'ordre social. Il y ajouta un tableau dramatique de la vie de Codreanu, ce fils d'un Polonais et d'une Allemande, qui n'avait pas une goutte de sang roumain dans les veines et prétendait se poser en sauveur national, l'assassin du préfet Manciu, l'instigateur des meurtres de Vernichesco, de Duca, de Stelesco et de tant d'autres, l'homme qui avait empoisonné la jeunesse des doctrines terroristes et enfiévré tout le pays de sentiments et d'idées qui n'avaient rien à voir avec l'esprit et le tempérament roumains.*
>
> *Codreanu aurait pu répliquer : « Vous dites que je n'ai pas une goutte de sang roumain dans les veines. Le roi Carol en a-t-il plus que moi ? Et personne ne lui conteste-t-il le droit de gouverner ?... Vous me représentez comme un assassin vulgaire, mais vous ne semblez pas vous souvenir qu'après le meurtre de Manciu, j'ai été acquitté aux applaudissements de la nation tout entière... Quant aux meurtres de Vernichesco, de Duca et de Stelesco, ce sont autant de choses jugées sur lesquelles il n'y a plus à revenir... Vous dites que, dans toutes ces affaires, on a montré à mon égard une faiblesse coupable. Pourquoi cette faiblesse ? Parce que le gouvernement sentait en moi une force dont il espérait se servir. Mais on s'est aperçu qu'on ne se servait pas de moi, et voilà pourquoi je suis ici.*
>
> *« J'ai soulevé autour de la Garde, un enthousiasme national et mystique comme on n'en avait jamais vu. Pourquoi ? Parce que j'ai dit tout haut ce que chacun sentait obscurément, que nos partis étaient pourris, nos politiciens vendus aux Juifs, et qu'une poignée d'étrangers sans foi ni loi exploitaient indignement un des pays les plus sains, les plus nobles du monde... J'ai réveillé l'idéal, j'ai voulu former un homme nouveau, j'ai inspiré à beaucoup ce désir : par là mon œuvre, me survivra.*

ANNEXE

« Vous avez si bien vu que tout mon secret était de faire appel aux forces profondes de l'âme que vous avez mis à la tête de votre gouvernement le seul homme dont le prestige moral pouvait contrebalancer le mien : le Patriarche lui-même. En toutes choses, vous m'avez copié. Vous m'avez pris mon programme chrétien, antisémite, antidémocratique, antiparlementaire. Votre Constitution n'est qu'un reflet de mes idées. Le roi lui-même n'a pris la dictature que pour m'empêcher de la prendre.

« Vous m'accusez d'aimer l'Allemagne et de vouloir une alliance avec elle. C'est mon droit. Et si vous deviez emprisonner tous les Roumains qui pensent comme moi, vous n'auriez pas assez de monastères et de prisons. Vous me reprochez mon télégramme à Hitler, mais M. Goga a fait mieux : il est allé à Vienne féliciter le Führer en personne, et vous ne lui en avez pas moins fait de magnifiques funérailles.

« Je regarde, je cherche autour de moi. Je ne vois que de bons Roumains, des officiers que je respecte. Mais derrière eux j'aperçois, invisibles, les Juifs de Roumanie et d'ailleurs qui m'ont traîné ici, et dont il n'est question nulle part, à aucun moment, dans ce procès. Avec quelle habileté ils vont me faire condamner tout à l'heure, sans intervenir eux-mêmes, sur des questions auxquelles ils semblent parfaitement étrangers. Je tombe sous leurs coups, comme M. Goga lui-même. Mais il était naturel qu'après sa chute, M. Goga mourût tranquillement dans son lit, et que moi je meure dans les prisons, où j'ai déjà pris la phtisie... »

Il ne dit rien de tout cela. Il se tut...

Dans un article du Populaire, *un journaliste s'est étonné d'une condamnation si légère. « Pourquoi pas la mort ? » demande-t-il. Je me permets de le rassurer. Dix ans de travail souterrain dans les mines de sel, pour un phtisique, cela équivaut pratiquement à la mort...*

Léon Daudet

TABLE DES MATIÈRES

Jérôme et Jean Tharaud
L'ENVOYÉ DE L'ARCHANGE

I	Rencontre avec le Capitaine	9
II	Un adolescent agité	13
III	Israël en Roumanie	17
IV	L'Icône de la Vacaresti	25
V	Une affaire qui fit du bruit	33
VI	Où reparaît l'Archange	39
VII	La Légion de l'Archange	45
VIII	Chevauchées dans la campagne	51
IX	Intermède royal	55
X	La Garde de Fer	59
XI	Le meurtre de Duca	67
XII	Au carrefour des chemins	73
XIII	Les deux rivaux	79
XIV	Les Dix Mille	91
XV	Où l'auteur arrive à Bucarest	97
XVI	Un charmant personnage	101
XVII	Où l'on retrouve le professeur Cuza	105
XVIII	Le fatidique 40 %	109
XIX	La politique d'Ubu Roi	111
XX	La complainte des Juifs	117
XXI	L'œil de M. Calinesco	123
XXII	La dictature du Roi	127
XXIII	Le procès du Capitaine	133
XXIV	Épilogue	141

…/…

Lucien Rebatet
CODREANU ET LA GARDE DE FER

I. Considérations sur la Roumanie 143
II. Codreanu, envoyé de l'Archange ? 154
III. Une dictature judéo-monarchique ? 166
IV. L'assassinat de Codreanu 191

Annexe : *L'Assassinat de Codreanu et ses suites* par Léon Daudet 197

Septembre 2018
Reconquista Press
www.reconquistapress.com

www.ingramcontent.com/pod-product-compliance
Lightning Source LLC
Chambersburg PA
CBHW070551010526
44118CB00012B/1285